谨以此书

纪念上海大学建校 100 周年

成旦红　刘昌胜　主编

百年上大
校友画传

（第一辑）

上海大学出版社
·上海·

书名中"百年"集于右任校长书法字体,"上大"集钱伟长校长书法字体

本书编委会

主　　　任　　成旦红　刘昌胜

常务副主任　　段　勇

副　主　任　　欧阳华　吴明红　聂　清　王从春
　　　　　　　汪小帆　苟燕楠　罗宏杰　忻　平

委　　　员　　（按姓氏笔画为序）

　　　　　　　王远弟　王国建　卢志国　朱明原　刘长林
　　　　　　　刘文光　刘绍学　许华虎　许　瑞　孙伟平
　　　　　　　李　坚　李明斌　吴仲钢　吴　铭　沈　艺
　　　　　　　张元隆　张文宏　张勇安　张基涛　陆　瑾
　　　　　　　陈志宏　竺　剑　金　波　孟祥栋　胡大伟
　　　　　　　胡申生　秦凯丰　顾　莹　徐有威　徐国明
　　　　　　　陶飞亚　曹为民　彭章友　傅玉芳　曾文彪
　　　　　　　曾　军　褚贵忠　谢为群　潘守永　戴骏豪

主　　　　编　成旦红　刘昌胜

执 行 主 编　段　勇

执 行 副 主 编　胡申生　曾文彪　耿　敬　刘长林

执 行 编 辑　洪佳惠　纪慧梅　谢　瑾　林威杰

本书编委会

主　　　任　　成旦红　刘昌胜
常务副主任　　段　勇
副　主　任　　欧阳华　吴明红　聂　清　王从春
　　　　　　　汪小帆　苟燕楠　罗宏杰　忻　平
委　　　员　　（按姓氏笔画为序）

王远弟　王国建　卢志国　朱明原　刘长林
刘文光　刘绍学　许华虎　许　瑞　孙伟平
李　坚　李明斌　吴仲钢　吴　铭　沈　艺
张元隆　张文宏　张勇安　张基涛　陆　瑾
陈志宏　竺　剑　金　波　孟祥栋　胡大伟
胡申生　秦凯丰　顾　莹　徐有威　徐国明
陶飞亚　曹为民　彭章友　傅玉芳　曾文彪
曾　军　褚贵忠　谢为群　潘守永　戴骏豪

主　　　　编　　成旦红　刘昌胜

执 行 主 编　　段　勇

执 行 副 主 编　　胡申生　曾文彪　耿　敬　刘长林

执 行 编 辑　　洪佳惠　纪慧梅　谢　瑾　林威杰

从峥嵘岁月里走来，这里描摹着风云激荡中无数青年的奋进之路，且行且歌，与国家民族命运交织，耕耘出一片新天地。在这里，我们品读峥嵘岁月、钩沉光辉历史，感悟"养成建国人才，促进文化事业"的历史足迹，倾听"文有上大，武有黄埔""北有五四时期的北大，南有五卅时期的上大"的历史回响。

从时代大潮中走来，这里收藏着时空坐标下动人心弦的珍贵瞬间，鲜活如初，与城市发展脉搏相连，阅往知今思悟新成长。在这里，我们融入改革开放的洪流，建设中国特色社会主义。呼吸与共中，四校携手并进；伟业流长中，实现教育兴国。日月星辰，时光流转，朝着与上海这座城市齐名的目标奋勇向前。

从新的征程中走来，这里记录着发展变迁中鼓舞人心的铿锵字句，掷地有声，与历史文化一脉相连，代代传承添加新注解。在这里，我们赓续红色基因和改革基因，发扬钱伟长教育思想，沿着校训精神指引的方向，逐梦奔跑，步履不停，以创新追求卓越，以包容聚合力量，在世界大学行列中书写鲜明印记，在践行上海城市品格中彰显上大特质。

抚今追昔，一幅幅画面，一个个人物，一段段往事，串联起百年上大激情澎湃的历史画卷……

目 录

一 教师篇 / 1

卜世畸 / 3	匡互生 / 23	李 达 / 40	沈志远 / 57	金仲文 / 78
于右任 / 4	朱光潜 / 24	李 季 / 41	沈泽民 / 58	金祖惠 / 78
万古蟾 / 6	朱自清 / 25	李超士 / 42	沈雁冰 / 60	周水平 / 79
万籁天 / 7	朱 复 / 26	杨明轩 / 43	张太雷 / 62	周由廑 / 80
丰子恺 / 8	朱 湘 / 27	杨杏佛 / 44	张厉生 / 64	周越然 / 81
王一亭 / 10	任中敏 / 28	杨贤江 / 46	张作人 / 64	周建人 / 82
王开疆 / 11	任卓宣 / 28	吴志青 / 48	张伯简 / 65	周予同 / 84
王陆一 / 12	向 浒 / 29	吴建寅 / 49	张君谋 / 65	周颂西 / 84
戈公振 / 13	刘大白 / 30	吴梦非 / 50	张秋人 / 66	郑振铎 / 85
方光焘 / 14	刘含初 / 31	何味辛 / 51	陈抱一 / 67	郑超麟 / 86
左舜生 / 15	刘薰宇 / 32	何世枚 / 52	张奚若 / 68	赵景深 / 87
乐嗣炳 / 15	安体诚 / 33	何世桢 / 53	陈望道 / 70	胡朴安 / 88
邓中夏 / 16	许绍棣 / 34	何葆仁 / 54	陈德徵 / 72	胡寄尘 / 89
叶楚伧 / 18	许德良 / 35	汪馥泉 / 54	陈瀚一 / 73	胡汉民 / 90
冯三昧 / 19	李大钊 / 36	狄 侃 / 55	邵元冲 / 74	侯绍纶 / 91
田 汉 / 20	李石岑 / 38	沈仲九 / 56	邵诗舟 / 75	侯绍裘 / 92
冯子恭 / 22	李汉俊 / 39	沈亦珍 / 56	邵力子 / 76	俞平伯 / 94

施存统 / 96	蒋光慈 / 118	于芝秀 / 137	孔另境 / 155	安剑平 / 170
恽代英 / 98	韩觉民 / 120	马文彦 / 138	邓果白 / 156	许乃昌 / 171
洪　野 / 100	傅东华 / 121	马凌山 / 139	包焕赓 / 156	许心影 / 171
姚伯谦 / 101	傅彦长 / 122	王一知 / 140	龙大道 / 157	许侠夫 / 172
顾均正 / 102	曾伯兴 / 122	王友直 / 141	皮言智 / 158	孙仲宇 / 172
钱病鹤 / 103	谢六逸 / 123	王文明 / 142	匡亚明 / 159	许继慎 / 173
高觉敷 / 104	蔡和森 / 124	王亚璋 / 143	吉国桢 / 160	阳翰笙 / 174
高冠吾 / 104	蔡慕晖 / 125	王步文 / 144	师集贤 / 160	严信民 / 176
高语罕 / 105	滕　固 / 126	王环心 / 145	朱义本 / 161	杜嗣尧 / 177
郭任远 / 106	潘公展 / 127	王灿芝 / 146	庄泗川 / 161	杜　衡 / 178
郭沫若 / 107	潘念之 / 127	王绍虞 / 146	刘一梦 / 162	李平心 / 179
唐鸣时 / 108	瞿秋白 / 128	王秋心 / 147	刘　华 / 163	李宇超 / 180
陶希圣 / 109	戴季陶 / 132	王剑虹 / 147	刘仲言 / 164	李秉乾 / 181
萧朴生 / 110		王耘庄 / 148	刘披云 / 164	李春鏵 / 182
萧楚女 / 112		王逸常 / 149	刘晓浦 / 165	李炳祥 / 182
梅电龙 / 113	二　学生篇 / 133	王超北 / 150	刘峻山 / 165	李逸民 / 183
曹聚仁 / 114		毛一波 / 151	刘锡吾 / 166	李硕勋 / 184
章乃羹 / 115	丁　郁 / 135	毛庆善 / 151	羊牧之 / 167	李得钊 / 186
彭述之 / 116	丁　玲 / 136	王稼祥 / 152	关中哲 / 168	李清漪 / 186
董亦湘 / 117	丁嘉树 / 137	方运炽 / 154	关向应 / 169	李敬泰 / 187

目　录

李锦蓉 / 188	何挺杰 / 200	张琴秋 / 213	季步高 / 228	俞　岳 / 242
杨士颖 / 188	何　洛 / 200	张　弦 / 214	罗髫渔 / 229	饶漱石 / 242
杨之华 / 189	何挺颖 / 201	陈式纯 / 214	金仲椿 / 229	姚天羽 / 243
杨　达 / 190	何尚志 / 202	陈兴霖 / 215	周大根 / 230	贺　昌 / 244
杨志云 / 190	佘埃生 / 203	陈伯达 / 215	周文在 / 230	贺威圣 / 245
杨觉天 / 191	余仁峰 / 203	陈　林 / 216	周传业 / 231	秦邦宪 / 246
杨振铎 / 191	余泽鸿 / 204	陈垂斌 / 216	周传鼎 / 231	贾南坡 / 247
杨溥泉 / 192	邹　均 / 205	陈　明 / 217	郑仲武 / 232	顾作霖 / 247
吴开先 / 192	汪佑春 / 205	武止戈 / 218	孟芳洲 / 232	党伯弧 / 248
吴　云 / 193	沙文求 / 206	范守渊 / 218	孟　超 / 233	党维蓉 / 249
吴绍澍 / 193	沈方中 / 207	林剑华 / 219	赵君陶 / 234	徐石麟 / 249
吴振鹏 / 194	宋桂煌 / 207	林木顺 / 219	赵祚传 / 235	徐梦秋 / 250
吴祥宝 / 194	张仲实 / 208	林　钧 / 220	胡允恭 / 235	徐鹏矗 / 250
吴维中 / 195	张庆孚 / 208	林淡秋 / 222	胡钟吾 / 236	翁泽生 / 251
吴　谦 / 195	张应春 / 209	林登岳 / 223	胡睦修 / 236	郭伯和 / 252
吴　霆 / 196	张其雄 / 210	尚辛友 / 224	柯柏年 / 237	高尔柏 / 253
吴　震 / 196	张景曾 / 210	罗化千 / 225	钟伯庸 / 238	郭肇唐 / 254
邱清泉 / 197	张治中 / 211	罗世文 / 225	俞昌准 / 238	郭　毅 / 255
何成湘 / 197	张崇文 / 212	罗石冰 / 226	钟复光 / 239	郭儒灏 / 255
何秉彝 / 198	张崇德 / 212	罗尔纲 / 227	施蛰存 / 240	唐棣华 / 256

陶新畬 / 256	阎灵初 / 268	蔡孝乾 / 276	附　师生名录 / 287
黄　仁 / 257	梁伯隆 / 268	雷晓晖 / 277	
黄让之 / 258	梁披云 / 269	蔡　威 / 278	教　师（200人） / 289
黄玠然 / 259	葛　琴 / 270	谭其骧 / 279	学　生（2001人） / 290
黄欧东 / 259	董每戡 / 270	蔡鸿猷 / 280	中国文学系（402人） / 290
黄昌炜 / 260	蒋坚忍 / 271	潘钦信 / 280	社会学系（915人） / 291
黄绍耿 / 260	蒋如琮 / 271	薛尚实 / 281	英国文学系（233人） / 294
曹雪松 / 261	嵇　直 / 272	薛卓汉 / 282	美术科（94人） / 294
曹天风 / 262	程永言 / 272	戴邦定 / 282	经济学系（4人） / 295
曹　渊 / 264	程锡简 / 273	戴望舒 / 283	政治学系（1人） / 295
曹蕴真 / 265	傅以和 / 273	糜文浩 / 284	商业学系（1人） / 295
龚际飞 / 265	童玉堂 / 274	濮德治 / 285	英属高等补习科（18人） / 295
盛幼宣 / 266	曾延生 / 274	瞿景白 / 286	俄文班（4人） / 296
康　生 / 266	谢雪红 / 275		中学部初级中学（63人） / 296
崔小立 / 267	蒲克敏 / 276		中学部高级中学（120人） / 296
			系别不详（146人） / 297

说明：本书的编排原则上按人物姓氏笔画为序，但因版面或人物关系的原因，个别处略有调整。

一

教师篇

一 教师篇

卜世畸（1902—1964），又名道明、士奇、士琦、士畸，湖南益阳人。1918年，毕业于长沙船山中学。后到上海外国语学社学习。1920年底，加入中国社会主义青年团。1921年秋，赴莫斯科东方大学学习；同年，加入中国共产党。1922年冬回国，任上海大学俄文教员。1924年4月，任上海大学平民学校主任；同月，任黄埔军校俄文翻译。1925年春，代理黄埔军校政治部主任。1926年秋，随邵力子出使苏联，任翻译。后任莫斯科中山大学、列宁学院政治经济学讲师。1930年回国。1964年5月在台北去世。

1924年4月16日，《申报》刊登卜世畸在上海大学平民学校开学式上致辞的消息

1945年8月，苏联驻华大使罗申抵达南京，与卜世畸（右）寒暄

百年上大 校友画传（第一辑）

校长于右任先生

于右任（1879—1964），原名伯循，陕西三原人。清末举人。1906年，加入中国同盟会。曾参与创办复旦公学。1907年起，在上海创办《神州日报》《民呼日报》《民吁日报》《民立报》等，宣传革命。1912年后，任南京临时政府交通部次长。1918年，任陕西靖国军总司令。1922年10月，参与创办上海大学并任校长。1923年4月，接受李大钊的推荐，聘请共产党人邓中夏、瞿秋白任上海大学总务长和教务长。1927年起，任国民军联军驻陕总司令、陕西省政府主席、国民党中央执行委员会常委、国民政府审计院院长和监察院院长、国防最高委员会委员。1936年3月，推动国民党中央常务委员会通过追认上海大学学生学籍、与国立大学享有同等待遇的决定并积极准备复办上海大学。1949年春，支持国共和谈。1964年11月在台北病逝。长于书法、诗词，有《右任文存》《右任诗存》等行世。

于右任晚年眷念大陆，1962年写下爱国诗篇《望大陆》："葬我于高山之上兮，望我大陆；大陆不可见兮，只有痛哭。葬我于高山之上兮，望我故乡；故乡不可见兮，永不能忘。天苍苍，野茫茫；山之上，国有殇！"并在日记中写道："我百年之后，愿葬玉山或阿里山树木多的高处，山要高者，树要大者，可以时时望大陆。我之故乡是中国大陆。"

一　教师篇

上海大学

于右任为上海大学题写校名

1922年10月19日，《时报》刊登《纪东南高专师校之风潮》的消息，记载学生要求改造学校并邀请陈独秀或于右任任校长等内容

1922年10月23日，《民国日报》刊登《上海大学启事》，报道上海大学成立并"公举于右任先生为本大学校长"的消息

万古蟾（1900—1995），原名嘉祺，江苏南京人。1919年考入上海美术专科学校西画科，1921年毕业后留校任教。1923年，任上海大学美术科教授。1925年，任上海商务印书馆影片部美术设计，与哥哥万籁鸣、弟弟万超尘一起摄制中国第一部动画广告片《舒振东华文打字机》。1926年，任长城画片公司美工，与万籁鸣合作绘制中国第一部动画短片《大闹画室》。抗日战争期间，参加制作动画短片《抗战歌》（7集）和《抗战标语》（5集），用电影动画艺术宣传抗日。新中国成立前，在上海与万籁鸣等编导了中国第一部大型有声动画片《铁扇公主》。新中国成立后，任上海美术电影制片厂导演。1958年，完成中国第一部彩色剪纸片《猪八戒吃西瓜》。其作品曾获民主德国第四届莱比锡国际短片和纪录片电影节荣誉奖、埃及第一届亚历山大国际电影节最佳儿童片奖、印度尼西亚第三届亚非电影节卢蒙巴奖等。

万古蟾导演作品《渔童》《人参娃娃》《猪八戒吃西瓜》

万古蟾在进行动画片创作

一 教师篇

万籁天（1899—1977），又名群，湖北武昌人。1919年，赴日本东京留学。1921年2月回国，同年8月进入北京人艺戏剧专门学校学习。1924年起，任明星电影公司编导兼明星影戏学校教务主任。同一时期，任上海大学美术科教授。抗日战争全面爆发后，应田汉邀请赴武汉国民政府军事委员会政治部第三厅工作。1944年9月，任私立成都南虹戏剧学校戏剧科主任、重庆陪都剧艺社社长、中华剧专教授。新中国成立后，任中国人民解放军三兵团文工团戏剧指导、东北鲁迅文艺学院戏剧部教授、辽宁人民艺术剧院导演兼艺术委员会主任、中国戏剧家协会辽宁分会主席、辽宁省文联副主席等，为辽宁省政协常委。1977年4月在盘锦病逝。

万籁天导演作品《卖油郎独占花魁女》（1927年）

丰子恺（1898—1975），中国画家、文学家、美术和音乐教育家。浙江桐乡人。1914年，进入浙江省立第一师范学校学习，受教于李叔同、夏丏尊。1919年，与吴梦非、刘质平等一起创办上海艺术师范学校。1921年春，赴日本东京留学，学习音乐和绘画，回国后在上海艺术专科师范学校任教。1925年起，以"子恺漫画"为标题，在《文学周报》连载画作，这是中国有"漫画"名称的开始。1925年3月，任上海大学中学部艺术、乐理等课程教员。1926年，在上海艺术大学任教。1942年，在国立艺术专科学校任教。新中国成立后，任中国画院院长、中国美术家协会上海分会主席、上海文学艺术界联合会副主席等，为全国政协委员。有《丰子恺漫画》行世。

1918年，丰子恺（右）与李叔同（中）、刘质平合影

1922年，丰子恺从日本归国

一　教　师　篇

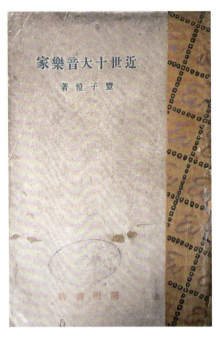

丰子恺著《近世十大音乐家》书影（1930年）

《子恺漫画选》书影（1946年）

丰子恺为庆祝抗日战争胜利所作漫画

1926年5月，中国共产主义青年团中央机关刊物《中国青年》为纪念五卅惨案一周年，请丰子恺设计封面插图。丰子恺借用唐代文学家韩愈《张中丞传后叙》中唐朝名将南霁云射塔明志的故事，画了一幅"矢志"图。这期《中国青年》在"编辑以后"中对这幅寓意深刻的画作给予了高度评价："我们希望每一个革命的青年，为了被压迫民族的解放，都射一支'矢志'的箭到'红色的五月'之塔上去！"

2020年，国家天文台提出将小行星1998W35命名为"丰子恺星"的申请，获得国际小行星命名委员会批准。

王一亭（1867—1938），名震，号梅花馆主，50岁后署白龙山人，浙江湖州人。早年经营海运，后为日清公司总代理。业余习书画，初在上海怡春堂裱画店当学徒，拜任伯年入室弟子徐小仓为师，得到任伯年的悉心指教。曾任上海大学校董、美术科国画教授。46岁后，拜吴昌硕为师，是继吴昌硕之后海上画派的代表人物之一。1937年日军侵占上海后，坚持不就伪职。

1896年，王一亭与夫人曹氏和孩子们在一起

王一亭国画作品

一 教 师 篇

王开疆（1890—1940），字启黄，江苏如皋东乡（今如东）人。早年就读于中国公学法律系，后赴日本东京早稻田大学法政科攻读法律专业。回国后从事律师工作。1923年1月，以律师身份调解东南高等专科师范学校与上海大学诉讼案，后任上海大学兼职教授。1927年后，任南京国民政府法官惩戒委员会秘书长、司法院中央公务员惩戒委员会委员。1938年，与友人一起创办三吴大学以掩护抗日救亡活动。1940年初，因拒任伪职遭日伪特务追捕，跳海殉国。

1940年2月12日，重庆《新华日报》刊登《王开疆不为汪逆利用 投海自尽明志》的消息

1923年1月25日，《申报》刊登《王开疆为东南高等专科师范、上海大学事声明》

王陆一（1896—1943），又名肇巽、天士，陕西三原人。因家贫于西北大学辍学，任陕西省图书馆管理员。于右任任职陕西靖国军总司令时，任机要秘书。1922年，随于右任到上海参与创办上海大学，任校长办公室文书。后奉派回陕西在西安成德中学任教。1924年秋，奉于右任之命，赴北京、张家口一带联络军事，参与冯玉祥、胡景翼发动的北京政变。1925年夏，赴莫斯科中山大学学习。1926年冬，回国参加北伐。1928年5月，任国民党中央党部秘书处书记长。后任安徽大学文学院院长、国民党中央民众运动指导委员会副主任、监察院秘书长、第五届中央执行委员会执行委员、中央政治委员会委员兼中央党部民众训练部副部长等。抗日战争期间，以国民政府军委会军风纪巡察团委员身份来往于各战区巡察，审视军防。1943年10月在西安病逝。有《长毋相忘诗词集》行世。

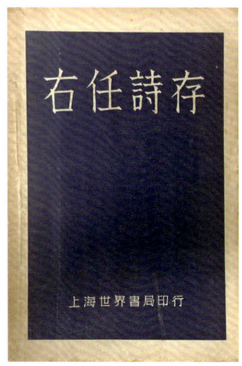

王陆一编辑《右任诗存》书影

于右任题写《王故监察使陆一墓志铭》（局部）

一 教师篇

戈公振（1890—1935），中国新闻记者、新闻学者。名绍发，江苏东台人。1908年，就读于东台高等学堂。1912年起，先后在《东台日报》《时报》《申报》工作。1927年3月，以上海大学教授和《时报》记者身份访问英国。1933年，访问苏联。1935年在上海病逝。有著作《中国报学史》《从东北到庶联》和译著《新闻学撮要》等。

戈公振著《中国报学史》书影（1927年）

戈公振著《新闻学》书影（1940年初版）

1927年3月11日，《申报》刊登《英外相接见戈公振》的消息

戈公振著《从东北到庶联》书影（1984年）

方光焘（1898—1964），中国语言学家、文学家。原名曙先，浙江衢州人。1924年，毕业于日本东京高等师范学校；同年8月，任上海大学中国文学系日本文学史、言语学等课程教授。1929年赴法国里昂大学攻读语言学研究生，1931年辍学回国参加抗日活动。新中国成立后，任南京大学中文系主任、教授，江苏省文化局局长、省文联主席。为中国科学院哲学社会科学部委员。1956年3月，加入中国共产党。1964年在南京病逝。有《方光焘语言学论文集》行世。

方光焘译注《姊姊的日记》书影（1927年初版）

方光焘晚年与夫人合影

一 教师篇

左舜生（1893—1969），又名学洲，号仲平，湖南长沙人。1911年，进入长沙外国语专门学校学习。1914年秋，进入上海震旦学院学习。1919年，在上海中华书局编辑所工作。1923年，与曾琦、李璜等发起组织中国青年党。1924年，任中国青年党党刊《醒狮》周报总经理；同年，任上海大学社会学系中国近百年史等课程教授。1945年7月，与傅斯年、黄炎培、章伯钧等六名参政员以私人身份访问延安，受到毛泽东等接待。1949年4月，先后任教于香港新亚学院、清华书院。1969年10月在台湾病逝。

左舜生选辑《中国近百年史资料初编》《中国近百年史资料续编》书影

乐嗣炳（1901—1984），曾用名乐山、乐观等，浙江镇海人。1916年，任中华民国国语研究会干事。1920年秋，任上海国音推行会主持人。曾任上海大学、复旦大学、暨南大学、广西大学等校教授。新中国成立后，将其收藏的大量文物无偿捐赠给上海博物馆、上海革命历史博物馆、广西壮族自治区博物馆、海南省民族博物馆等。生前写有《回忆上海大学》一文。有著作《国语概论》《国语辨音》《国语会话》《怎样教学普通话》等。

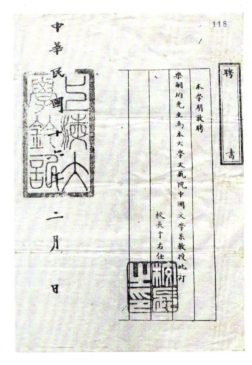

于右任颁发给乐嗣炳的聘书

邓中夏（1894—1933），中国无产阶级革命家，中国早期工人运动领导人。原名隆勃，又名安石，字仲澥，湖南宜章人。1917年，就读于北京大学。五四运动期间是北京学联的领导人之一。1920年，参加北京的中国共产党早期组织。1921年初，创办长辛店劳动补习学校、出版进步刊物《劳动者》。1922年5月，任中国劳动组合书记部主任，参加领导长辛店铁路工人、开滦煤矿工人和京汉铁路工人大罢工。1923年4月，任上海大学总务长、教授；同年8月8日，当选上海大学最高决策机构评议会评议员。在上海大学任职任教期间，任中共上海地方兼区执行委员会委员长。1924年秋，辞去上海大学教职。1927年8月起，任中共江苏省委书记、广东省委代理书记。1928年，赴莫斯科出席赤色职工国际第四次代表大会，后任中华全国总工会驻赤色职工国际代表。1930年7月回国，后任中共湘鄂西特委书记、中国工农红军第二和第三军团政治委员兼前敌委员会书记、中央革命军事委员会委员。是中共第二、第五届中央委员，第三、第六届中央候补委员，八七会议上当选中共中央临时政治局候补委员。1933年5月在上海被国民党当局逮捕，9月21日在南京雨花台就义。遗著有《中国职工运动简史》，有《邓中夏文集》行世。

1923年4月23日，《民国日报》刊登邓中夏到上海大学任职任教的消息

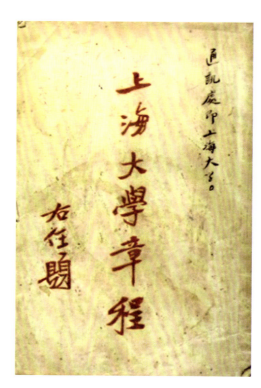

1923年12月，《上海大学章程》在邓中夏的主持下制定完成并于当月5日在学校评议会通过，明确提出上海大学的办学宗旨为"养成建国人才 促进文化事业"

一 教师篇

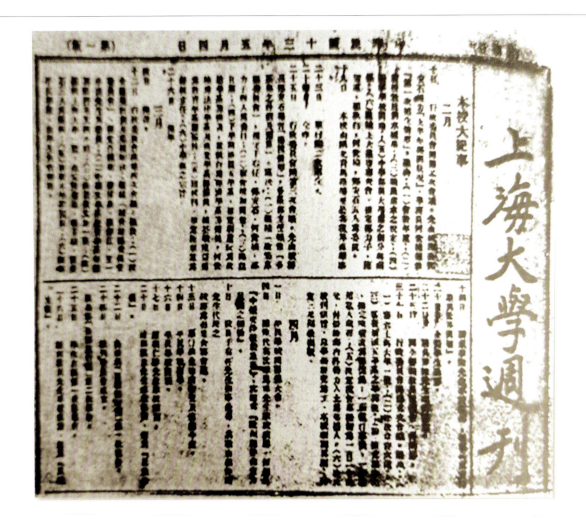

上海大学学生程永言在回忆邓中夏起草《上海大学章程》过程时说:"他首先埋头苦干的,就是起草上海大学的章程。他花了不少时间,搜集了不少参考资料,是用十行红格纸写成的,规划宏伟,并确定了'上大'的教育方针。"

对于上海大学的办学宗旨,邓中夏在发表于《上海大学周刊》上的《上大之使命》一文中作出了说明:"我们在这国际紧迫和国内扰乱的时代和环境之场合中,使我们大家都觉得建国是中国今日唯一的出路。我们教职员和学生,没有一个事前的会商和协定,却是不谋而合地凝成了一种共同的意志和希望。所以上大的宗旨,便不客气地把'养成建国人才'六个大字规定下来。再有一项是'促进文化事业',这是建国方略中应有的而且必要的一种手段。"

叶楚伧（1887—1946），原名宗源，字卓书，江苏苏州人。苏州高等学堂肄业。早年参加中国同盟会。1916 年，与邵力子合办《民国日报》，任总编辑。1922 年 10 月，任上海大学教务主任，教授诗歌、小说等课程。1924 年秋，离开上海大学。1926 年，任国民党中央政治会议秘书长、国民政府联席会议秘书长。南京国民政府成立后，任国民党中央工人部代理部长、宣传部部长，江苏省政府主席，立法院副院长，国民党中央执行委员会常委兼秘书长。1946 年在上海病逝。

叶楚伧主编《传奇小说集》书影（1936 年）

1929 年，叶楚伧（左一）、于右任（中）和邵力子植树合影

冯三昧（1899—1969），原名水鑫，又名颐，字伯年，浙江义乌人。1917年，赴日本东京早稻田大学文学系留学。1927年4月前，在上海大学任教。曾参加上海工人第一次武装起义。四一二反革命政变后，曾从事中国共产党地下组织的保卫工作。新中国成立后，任上海市土产公司秘书科长、华东局财经委员会秘书，后到金华中学、义乌中学等校任教。1957年，当选义乌县政协常委。

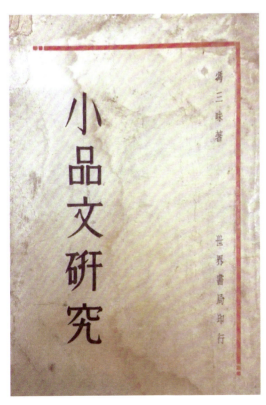

冯三昧著《小品文研究》书影（1932年初版）

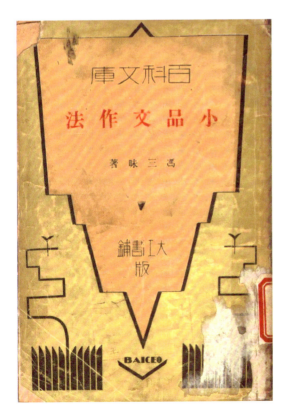

冯三昧著《小品文作法》书影（1932年）

田汉（1898—1968），中国戏剧活动家、剧作家。原名寿昌，湖南长沙人。1916年赴日本东京高等师范留学。1919年在东京加入李大钊等组织的少年中国学会。1921年，与郭沫若等组织创造社，倡导新文学。1922年回国，在上海中华书局编辑所任职并创办南国社。1923年8月，任上海大学中国文学系文学概论、近代戏剧等课程教授。1927年秋，任上海艺术大学校长。1932年，加入中国共产党。1934年秋，为电影《风云儿女》创作的长诗最后一节被选为电影主题曲《义勇军进行曲》的歌词。后还为《桃李劫》等电影创作《毕业歌》等主题曲。新中国成立后，任中国文联副主席、中国剧协主席、文化部戏曲改进局局长、艺术事业管理局局长等。1968年12月去世。有《田汉文集》行世。

田汉每周到上海大学来上课一次，每次讲一个作家或作品。上海大学学生施蛰存回忆道："至今还记得他津津有味地为我们讲雨果的《悲惨世界》。"

1949年9月，中国人民政治协商会议第一届全体会议通过《关于中华人民共和国国都、纪年、国歌、国旗的决议》，规定在中华人民共和国国歌未正式制定前，以《义勇军进行曲》为国歌。1982年12月4日，第五届全国人民代表大会第五次会议决议，以《义勇军进行曲》为中华人民共和国国歌。

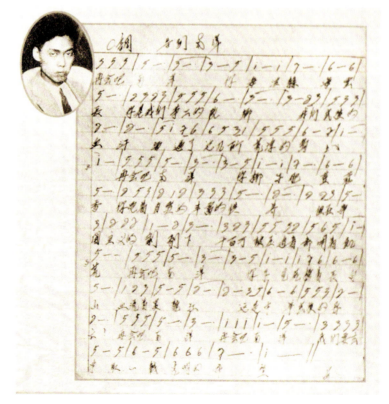

田汉的创作手稿

一　教　师　篇

1934年，田汉（右）与聂耳在上海合影

青年田汉

田汉主编《南国》杂志书影

冯子恭（1895—1967），又名延梓，字孟寅，湖北咸丰人。1915年赴英国伦敦大学预科留学，1916年转入香港大学，毕业后获文学士、理学士学位。1921年，任孙中山秘书；同年3月20日，孙中山在广东省教育会系统讲演"五权宪法"，冯子恭任笔录。1922年前后，节译《资本论》，后刊登于广州《晨报》。1923年，任上海大学中国文学系英文等课程教授；同年8月8日，当选上海大学最高决策机构评议会评议员。1925年，任国民政府外交部特派广西交涉员公署外交科长。曾创办《农工日报》，任社长兼总编辑。1957年5月，任咸丰县副县长。1967年1月在咸丰病逝。

1922年6月，陈炯明发动叛变，火烧越秀楼，冯子恭穿着睡衣，怀抱《五权宪法》原稿，冒着枪林弹雨，冲出火海，保护了孙中山《五权宪法》亲笔演讲手稿。

新中国成立后，1954年，最高人民法院院长董必武到湖北视察法治建设工作，偶然问及"我们湖北那位保存《五权宪法》的有功之臣冯孟寅，现在在做什么？"陪同人员谁也不知冯孟寅是谁，后来经省委领导安排查询，才知道冯孟寅就是湖北咸丰的冯子恭。

咸丰县高乐山镇老里坝村附近的冯子恭故居

1933年，冯子恭与夫人王兆晖和女儿合影

一 教师篇

匡互生（1891—1933），字子俊，号务逊，又号日休，湖南邵阳人。1915年，进入北京高等师范学校学习。1919年，参加五四运动，与傅斯年、段锡朋一起组织五四运动天安门集会和会后游行；同年夏，从北京高等师范学校毕业后回湖南任教于长沙楚怡小学。1920年，任湖南省立第一师范学校教务主任，聘请毛泽东到校任教。曾参加新民学会，与毛泽东共同成立文化书社。1922年，到上海中国公学任教。1924年，任浙江上虞春晖中学训育主任。1925年2月前，任上海大学中学部教员；同年春，创办立达中学。

匡互生（第五排左六）与新民学会

1919年，爱国学生因不满参加巴黎和会的中国代表在凡尔赛和约上签字，将一战时期德国租借山东半岛的权利交换给日本，而火烧曹汝霖个人官邸赵家楼。第一个打开曹宅大门、第一个点燃赵家楼烈火的就是匡互生。

1924年，匡互生（前排右一）与浙江上虞春晖中学师生合影

朱光潜（1897—1986），中国美学家。别名孟实，安徽桐城人。中学毕业后到武昌高等师范学校中文系学习。1918年赴香港大学学习。1923年后，任上海大学英国文学系诗歌社会学课程教授。1925年起，先后赴英国、法国研习哲学、心理学和艺术史，获博士学位。1933年回国，任四川大学、武汉大学、北京大学教授。新中国成立后，任北京大学教授、中华全国美学学会会长等。为中国科学院哲学社会科学部委员，第三至第五届民盟中央委员，第二至第五届全国政协委员，第六届全国政协常委。1986年3月在北京病逝。主要著作有《文艺心理学》《谈美》《西方美学史》《悲剧心理学》等；主要译著有黑格尔《美学》、莱辛《拉奥孔》、柏拉图《文艺对话集》等。

1933年，朱光潜与夫人奚今吾在伦敦合影

朱光潜著《谈美》书影（1932年）

朱光潜著《给青年的十二封信》书影（1929年初版）

20世纪30年代，朱光潜（前排站立者右五）在英国留学期间与师友合影

朱自清（1898—1948），中国散文家、诗人、古典文学学者。原名自华，字佩弦，浙江绍兴人。1920年，毕业于北京大学。1922年，与叶圣陶等创办中国新文学史上第一个诗刊《诗》，倡导新诗。1924年前后，到上海大学任教。1925年，任清华大学中文系教授。抗日战争期间，任西南联大教授。1948年8月在北平病逝。所作《背影》《荷塘月色》等为中国现代散文早期代表作。有《朱自清全集》行世。

朱自清著《踪迹》书影（1924年）

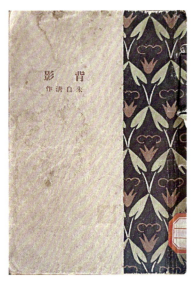

朱自清著《背影》书影（1928年初版）

1948年，朱自清与夫人陈竹隐和儿女的合影

朱复（1898—1982），又名恢伯，上海人。1917年就读于南京高等师范学校，1922年进入香港大学学习，毕业后任教于南京江苏省立一中。其间，在《学衡》杂志译介西方古典文化，成为学衡派成员。1922年10月，任全国教育会联合会组织的新学制课程标准起草委员会委员，参与起草《高级中学外国语课程纲要》。1925年2月，任上海大学英国文学系教授。1926年3月，当选上海大学最高决策机构评议会评议员。1927年，任吴淞中学校长。后任教于复旦大学外文系。

朱复译著《群众》书影（1930年）

朱复译《冉·达克——圣女贞德》书影

一　教　师　篇

朱湘（1904—1933），中国诗人。字子沅，安徽太湖人。早年就读于清华学校，开始新诗创作，与同学饶孟侃（字子理）、孙大雨（字子潜）和杨世恩（字子惠）并称"清华四子"。1924年，参加文学研究会。1925年初，任上海大学英国文学系文学概论、英语等课程教授。1933年12月，在上海到南京的客轮上投江自杀。

朱湘著《石门集》书影（1934年）

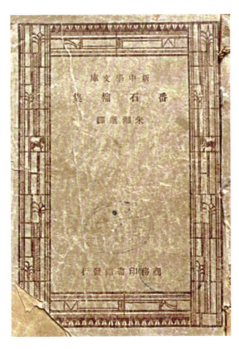

朱湘选译《番石榴集》书影（1934年）

朱湘与夫人刘霓君和儿女合影

任中敏（1897—1991），中国戏曲史家、戏曲理论家。原名讷，笔名二北、半塘，江苏扬州人。1918年，就读于北京大学国文系，师从吴梅研究词曲。1920年从北京大学毕业后至晚在1926年4月前，任上海大学中国文学系词曲课程教授。1951年，任四川大学教授。1980年后，任扬州师范学院词曲研究室主任、中国古代文化研究所名誉所长。1981年，被国务院学位委员会批准为中国首批博士生导师。1991年12月在扬州病逝。主要著作有《敦煌曲初探》《敦煌歌曲校录》《唐戏弄》《教坊记笺订》《优语集》《唐声诗》《敦煌歌辞集总编》《隋唐五代燕乐杂言歌辞集》等。

任中敏编《词曲通义》书影（1931年）

任卓宣（1896—1990），原名君彰，又名叶启彰，笔名叶青，四川南充人。1919年，就读于北京高等法文专修馆。1920年6月，赴法国勤工俭学。1923年，加入中国共产党，任中共旅法支部书记。后赴莫斯科中山大学学习，1926年底奉命回国。曾任上海大学社会学系哲学等课程教授。后任黄埔军校政治教官。参加广州起义，曾任中共湖南省委书记等职。1928年被捕后叛变。曾任国民党中央宣传部副部长。1990年在台湾病逝。

任卓宣著《共产主义问答》书影（1927年）

一 教师篇

向浒（1898—1983），又名伯虎、李铁根，湖北汉川人。毕业于两湖陆军学校。1923年秋，任上海大学斋务员。1924年，加入中国共产党。后到黄埔军校学习，毕业后参加北伐。1927年，参加南昌起义。1948年毕业于苏联列宁格勒列宾美术学院油画系，1955年回国。曾任中央美术学院油画系教授。为中国美术家协会会员。作品《缝军鞋》由苏联列宾美术学院收藏，《长征路上》参加庆祝建军30周年美术作品展览。

徐悲鸿称向浒为"中国唯一在列宾美术学院毕业的人"　　　　向浒诗稿《保卫列宁城》

刘大白（1880—1932），中国诗人。原名金庆棪，字伯贞，后改姓刘，又名靖裔，别号白屋，浙江绍兴人。1913年，东渡日本并加入同盟会。1915年，转赴南洋，在新加坡、苏门答腊等地华侨学校教授中文。1916年回国。1924年春，任上海大学中国文学系中国文学史等课程教授。1928年1月，任浙江大学秘书长。后到教育部任职。有《刘大白诗集》等行世。

刘大白著《白屋书信》书影（1922年）

刘大白著《邮吻》书影（1927年）

刘大白所著《旧诗新话》中有一篇《双红豆》记述了他与江苏农民运动领袖、上海大学教师周水平（即周刚直）的友谊。1924年元旦，周水平赠送给刘大白两颗红豆，过了几天又说："此物是我故乡乡间所产。老树一株，死而复苏；现在存活的，只有半株。有时不结子，有时结子仅十余粒或百余粒不等，如将此豆作种别栽，又苦不易活；即活，也不容易长成；望它结子，更不知等几何年。所以此物颇不易得，实是珍品。"刘大白细观此物，颜色微紫，形状颇类心房，感叹古人以它为相思的象征，大约不是无故。刘大白睹物怀人，备受相思之苦，作了三首红豆词。词前面还有一个小序：一九二四年元旦，江阴周刚直君赠我一双红豆，说："此物是我故乡乡间所产。"

一 教师篇

刘含初（1895—1927），又名翰章，陕西黄陵人。1916年，进入北京大学学习。1919年，参加五四运动。1923年，任上海大学教授。1924年春，在上海大学加入中国共产党；同年10月，任上海大学校务长。1925年春，赴陕西从事统一战线工作。四一二反革命政变后，遭国民党当局通缉。1927年8月被特务追踪枪杀。

刘含初手迹　　刘含初是《共进》杂志的撰稿人

刘含初牺牲地（陕西省铜川市宜君县石堡村）

刘薰宇（1896—1967），贵州贵阳人。1919年，毕业于北京高等师范学校。1925年3月，任上海大学中学部主任；同年8月，离开上海大学到立达学园任教。1928年，赴法国巴黎大学留学。1930年回国，先后在中学和大学任教。1950年，任人民教育出版社副总编辑。1956年，加入中国共产党。有《马先生谈算学》《数学趣味》《数学的园地》（统称"数学三书"）行世。

1983年，诺贝尔物理学奖获得者杨振宁对香港学生说："有一位刘薰宇先生，他是位数学家，写过许多浅显易懂和极端有趣的数学方面的文章。我记得，我读了他写的关于一个智力检验的文章，才晓得排列和奇偶排列这些极为重要的数学概念。"1933年，丰子恺在为刘薰宇的《数学趣味》作序时说："我一直没有尝过数学的兴味，一直没有游览过数学的世界，到底是损失！最近给我稍稍补偿这损失的，便是这册书里的几篇文章。我与薰宇相识后，他便做这些文章。他每次发表，我都读，诱我读的，是它们的富有趣味的题材。我常不知不觉地被诱进数学的世界里去。"著名数学家、中国科学技术大学校长谷超豪说："对我影响最大的，是刘薰宇的《数学的园地》。它引见的微积分和汇合论的初步思想，把我带入了一个全新的世界。"

刘薰宇著《数学的园地》书影（1933年初版）

一 教师篇

安体诚（1896—1927），字存斋，笔名存真，河北唐山人。1918年，赴日本东京帝国大学经济学部留学。1921年回国，任教于天津法政专门学校。1922年，加入中国共产党。1923年，任浙江法政专门学校政治经济系教员、中共杭州支部书记。1924年春，任上海大学现代经济学、社会学、科学社会主义等课程教授。其《现代经济学》讲义由中国共产党创办的上海书店出版。1925年夏，离开上海大学到西安从事兵运工作。1926年夏，任黄埔军校政治教官。1927年5月，在上海龙华就义。

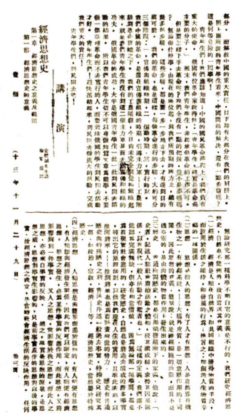

1924年11月29日，《民国日报》副刊《觉悟》刊登安体诚的《经济思想史》

第六届广东农民运动讲习所课程表中排列的毛泽东与安体诚的授课安排

位于河北丰润车轴山中学的安体诚雕像

许绍棣（1900—1980），字蕚如，浙江临海人。毕业于复旦大学商科。1924年春，任上海大学英数高等补习科英文、作文等课程教员。北伐期间，任国民革命军后方总政治部秘书。1934年，任浙江省政府委员及教育厅厅长。1980年12月在台北病逝。

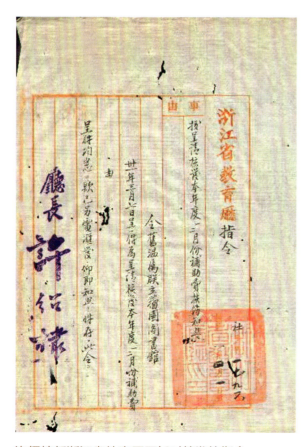

许绍棣任浙江省教育厅厅长时签发的指令

许绍棣与夫人孙多慈及孩子合影

许德良（1900—1991），江苏苏州人。1921年，任上海伊文思图书公司职员，业余教授英文。1922年，加入中国共产党。1923年，进入复旦大学经济学系学习。1924年春，任上海大学庶务员，兼任中学部英文教员。曾参加上海工人第二次、第三次武装起义。1927年4月，根据党组织安排离开上海大学。1930年12月，与沙千里等一起创建进步群众团体蚁社。新中国成立后，任上海中医学院副院长等。

根据许德良的回忆，上海大学西摩路（今陕西北路）校舍是总务长邓中夏和他物色好，最后由邓中夏拍板决定的。作为上海大学的庶务员，"工作很忙，租房子、订合同、付房租、应付巡捕捐、采购物品、聘请律师等等"。许德良还说，学校又没有经费，"常常为了债务问题与债主口角。在上大搞总务工作也练出了一种本领——就是欠债"。

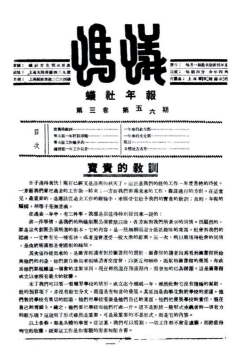

蚁社发行的《蚂蚁》月刊

百年上大 校友画传（第一辑）

李大钊（1889—1927），中国无产阶级革命家，中国最早的马克思主义者，中国共产党的主要创始人和早期领导人。原名耆年，字寿昌，后改名大钊，字守常，直隶乐亭（今属河北）人。1923年4月，向于右任推荐邓中夏、瞿秋白等共产党人到上海大学任职任教；同年4—11月，曾五次到上海大学，作"演化与进步""美术应将现代社会之困苦悲哀表现出来""社会主义释疑""史学概论""劳动问题概论"等演讲。1924年8月，被聘为上海大学经济学系主任。1927年4月6日，被奉系军阀逮捕，28日在北京就义。

2021年11月，上海大学聘请李大钊之孙李宏塔任上海大学第三届董事会名誉董事。

1924年8月20日，《申报》（左）、《民国日报》（右）刊登李大钊为上海大学经济学系主任的消息

1925年8月7日，《民国日报》刊登李大钊被上海大学聘为教授（特别讲师）的消息

一　教师篇

1923年4月15日，《申报》刊登《李大钊今晨在上海大学演说》的消息

1923年7月13日，《申报》刊登李大钊在上海大学美术科图音、图工组毕业典礼上演讲的消息

1923年11月13日，《民国日报》副刊《觉悟》刊登李大钊在上海大学演讲"社会主义释疑"全文

1923年11月29日，《民国日报》副刊《觉悟》刊登李大钊在上海大学演讲"史学概论"全文

1923年12月4日，《民国日报》副刊《觉悟》刊登李大钊在上海大学演讲"劳动问题概论（二）"

李石岑(1892—1934),中国哲学家。湖南醴陵人。早年留学日本。1919年回国,任商务印书馆编辑,主办《民铎》杂志。1922年1月,任商务印书馆《教育杂志》主编,兼《时事新报》副刊《学灯》主笔。同一时期,任上海大学中国文学系哲学史课程教授。1927年,赴法、英、德等国考察西方哲学。1933年3月,为纪念马克思逝世50周年,在上海宣讲"科学的社会主义哲学"等。1934年在上海病逝。著作有《人生哲学》《中国哲学十讲》《哲学概论》等。

《李石岑讲演集》(第一辑)书影(1929年)　　李石岑著《哲学浅说》书影(1930年初版)

李汉俊（1890—1927），原名书诗，湖北潜江人。1918年，毕业于日本东京帝国大学。回国后创办《劳动界》并参加《新青年》《星期评论》《共产党》等刊物编辑工作。1920年8月，在上海与陈独秀、李达等共同成立中国共产党的发起组织；同年12月，代理发起组织的支部书记，负责全面领导工作。1921年，出席中国共产党第一次全国代表大会。1922年，赴武汉从事革命工作。后脱离党组织。1923年，参加京汉铁路工人大罢工。1926年春，任上海大学社会学系唯物史观课程教授。1926年8月，北伐军进驻武汉，任湖北政务委员会委员兼接受保管委员会主任委员。在桂系军阀占领武汉后，与国民党右派的反共活动进行斗争。1927年12月在武汉被桂系军阀胡宗铎部杀害。

董必武回忆："1920年，李汉俊这个日本归国的学生，我的马克思主义老师，在上海帮助建立中国共产党，并到武汉来同我商量。我决定参加，并负责筹组党的湖北支部。"（《中国共产党——从一大到十五大（1921—1997）》，北京出版社1998年版，第13页）

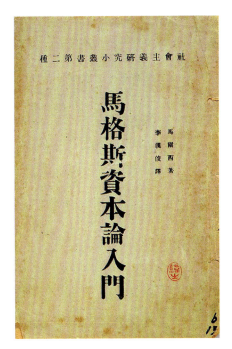

李汉俊译著《马格斯资本论入门》书影（1920年9月翻译）

李汉俊译著《妇女之过去与将来》书影（1926年）

1920年，李汉俊（后排左二）、李书城（后排左三，李汉俊胞兄）、薛文淑（后排左四，李书城夫人）与母亲合影

李达（1890—1966），中国哲学家，马克思主义传播的先驱者。名庭芳，字永锡，号鹤鸣，湖南永州人。1920年，从日本留学回国；同年8月，在上海与陈独秀、李汉俊等共同成立中国共产党的发起组织。1921年，出席中国共产党第一次全国代表大会，当选中央局宣传主任。1923年离开党组织。1924年8月，任上海大学社会学系社会思想史、社会运动史等课程教授。参加北伐，任国民革命军总政治部编审委员会主席等，出版《现代社会学》一书。四一二反革命政变后，在白区长期担任大学教授，坚持宣传马克思主义，著有《社会学大纲》等。1949年12月，重新加入中国共产党。曾任湖南大学校长、武汉大学校长。为中国科学院哲学社会科学部委员、第一任中国哲学学会会长。重要论著编入《李达文集》。

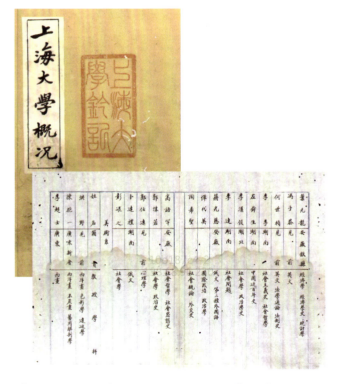

《上海大学概况》"历任教职员一览表"社会学系一栏中，记载李达教授社会问题课程

李达编著《中国产业革命概观》书影（1930年）

李达译著《理论与实践的社会科学根本问题》书影（1930年）

一 教 师 篇

李季（1892—1967），又名原博、卓之，字懋猷，号协梦、移山郎，湖南平江人。1915年，考入北京大学英文系，毕业后任北京大学预科一年级英文作文和文化教员。1920年，参加中国共产党发起组织；同年底，随陈独秀到广州参加中国共产党早期组织的创建工作。1922年到德国法兰克福大学经济系学习，1924年转入苏联莫斯科东方大学学习。五卅运动后回国，任上海大学社会学系教授。1926年4月，任上海大学社会学系主任。1929年，参加托派组织被开除党籍。1934年，自行脱离托派组织，从事编译著述。新中国成立后，任国家出版总署特约翻译。1967年2月在上海病逝。著作有《马克思传》等，译著有《马克思恩格斯通讯集》《现代资本主义》等。

1926年，李季译著《通俗资本论》是中国最早系统介绍马克思《资本论》的译本。1925年12月，上海大学湖南同乡会湘社主办的刊物《湘锋》创刊号曾刊登李季撰写的该书序言《马克思通俗资本论序言》。

毛泽东多次在不同场合说过，李季翻译的《社会主义史》是他"得到关于阶级斗争启蒙的三本书之一"。

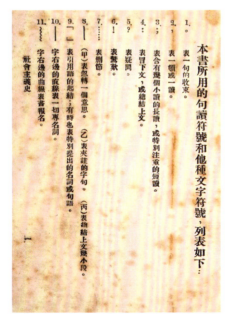

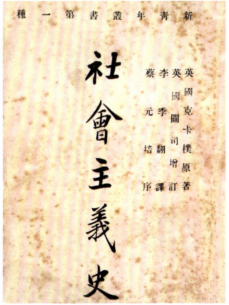

李超士（1893—1971），名骥，广东梅州人。1905 年，到南洋中学学习。1911 年公费赴英国留学，1912 年转赴法国学习美术。1919 年毕业于巴黎美术大学，后至印象派画家德加工作室工作。回国后任教于上海美术专科学校。1922 年 10 月后，任上海大学美术科西画课程教授。新中国成立后，参与创建山东师范学院美术科并任教授。1952 年，任中国美术家协会山东分会首任主席。1971 年 12 月在济南病逝。

李超士色粉画作品

一 教 师 篇

杨明轩（1891—1967），原名荃骏，陕西户县人。1913年秋，赴日本东京同文书院留学。1915年，考入北京高等师范学校。1921年，任陕西省立第一师范学校校长。1924年1月，任上海大学中学部主任。1925年3月，应陕西地区中国共产党组织创始人之一的李子洲邀请，离开上海大学，到陕北革命的策源地和活动中心、被誉为"陕西的上海大学"的陕西省立绥德第四师范学校任教务主任。1926年12月，加入中国共产党。1937年1月，任西北教育界抗日救国大同盟执行委员会主席。1948年3月，任陕甘宁边区政府副主席。1949年8月，出席中国人民政治协商会议第一次全体会议，当选政协第一届全国委员会委员。1950年后，任西北军政委员会委员兼文教委员会主任、党组书记、西北行政委员会副主席等。1963年，任中国民主同盟中央主席。1965年，在第三届全国人民代表大会第一次会议上当选全国人大常委会副委员长。长期兼任光明日报社社长、中央社会主义学院副院长等。1967年8月在北京病逝。

位于陕西户县的杨明轩雕像

1947年，林伯渠和杨明轩（左）合影

杨杏佛（1893—1933），中国爱国民主人士。名铨，谱名宏甫，江西清江（今樟树）人。1907年，到上海吴淞中国公学学习。1909年，加入同盟会。1912年，任《民竞报》驻京记者；同年11月，留学美国，获哈佛大学商学院商科硕士学位。1914年，在美国与任鸿隽等几位同学一起创办中国第一份综合性科学杂志《科学》月刊并于1915年1月在上海印刷；同年，发起成立中国第一个学术团队中国科学社。1918年回国后，任东南大学教授。1924年8月，任上海大学政治学系教授；同年11月，任孙中山秘书。1927年，任国民党上海市党部常委，支持中国共产党领导的上海工人第三次武装起义，当选上海特别市临时政府执委会常委。曾任中央研究院总干事。九一八事变后，积极参加抗日救亡活动。1932年12月，与宋庆龄、蔡元培等在上海发起组织中国民权保障同盟，任总干事。1933年6月18日在上海被国民党特务暗杀。

> **上海大學新聘教授**
> 上海大學新添學系，已誌前報、頃聞該校政治學系已聘定發襲者為主任、楊杏佛等為教授、經濟學系已聘定李守常為主任、戴季陶府、光赤彭述之等為教授、商業學系已聘定殷志恆為主任云、

1924年8月20日，《民国日报》刊登杨杏佛被聘为上海大学政治学系教授的消息

杨杏佛（右）在美留学时与赵志道（中）、任鸿隽合影

一　教　师　篇

《杨杏佛讲演集》书影（1927年）

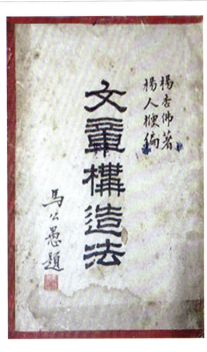

杨杏佛著《文章构造法》书影（1933年）

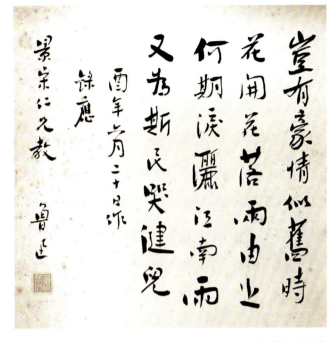

鲁迅手书《悼杨铨》

1933年，杨杏佛（中）与李济（左）、鲁迅在亚尔培路（今陕西南路）331号合影

杨贤江（1895—1931），中国教育理论家、青年教育家。又名李浩吾，字英甫，浙江慈溪人。1917年，毕业于浙江省立第一师范学校，后到南京高等师范学校任职。1921年，任商务印书馆主办的《学生杂志》主编。1922年，加入中国共产党。1923年，任上海大学社会学系教授并在中学部担任初高中人文科学科主任。1927年，参加上海工人第三次武装起义。四一二反革命政变后，到武汉北伐军总政治部担任革命军日报社社长。后回上海从事党的地下工作。1927年底到日本，后写成《教育史ABC》，用历史唯物主义观点研究教育史、根据社会发展形态叙述教育发展过程。1929年5月回上海，后写成《新教育史大纲》，系统地用马克思主义观点阐明教育原理。1931年7月到日本治病，8月在日本长崎病逝。

1927年，杨贤江（中排左一）与李一氓（后排左二）、林伯渠（后排左三）、郭沫若（前排左二）、李富春（前排右四）等合影

讀書與救國

楊賢江

現代中國學生因受著帝國主義的侵略與其工具軍閥的暴虐，起而參加政治運動；於是教育上發生所記「讀書與救國」的問題。問題的要旨是在學生還是應當專心讀書呢，還是也應當救國？其說有二：一派主張要讀書也要救國；一派則主張讀書就是救國。另一派主張先救國，後救國？為學問而學問者「奇人」「個人主義者」以及「時代環境迫」這些「奇人」根本不想救國以外，敢說讀書人不當救國的們還沒有，所以我論教育上對本問題的們還見解，除「純白教育者」「為學問而學問者」「個人主義者」以及「時代環境迫」這些「奇人」根本不想救國以外，敢說讀書人不當救國的們還沒有，所以我論教育上對本問題的意見，以為可以上述三說概之：即在學生中間恐也有相類的還是上設想之，試就下逐一，說加以評論。

★ ★ ★

我將先評前三說即主張「讀書就是救國」的一說。主張者的理由大致有二：一或不讀書不能救國；一為讀書本身就是救國。

讀了書可以增進救國的能力——也許是不錯的。舉凡讀書和救國的關係一端而言，讀書本身就是救國。做八股，讀三字經能救國嗎？……放棄歐美文法能救國嗎？讀經能救國嗎？曹陵章都是留學生呢？與佩孚邊能做詩呢？……放棄歐美博士頭銜的，學工程有成績的，英文學邃諸甚高的，……救問這許許多多的救育家的們在哪裏？莫非做個總辦講講「友誼的碱商」就已救了國？莫非做個學校當局在五卅週年紀念時叫學生靜默，如素，敲哀鐘，宜誓抵償，就已救了國？這些博士教育家的心中或許未嘗不想救國。可是

杨贤江发表于《晨曦》上的《读书与救国》（部分）

中國青年之敵

楊賢江

中國青年有那些敵人？中國青年該怎樣拒敵？我將在這篇短文裏回答這兩個問題。

一　本來面目與變態現象

（a）青年本該是活動而強健的——身體發達筋肉強固耳目聰明口齒伶俐感覺靈敏精神發皇，誰能說青年不該這樣？

（b）青年本該是多趣的——富有滑稽感藝術性能講笑話會做遊戲且好奇好問無處不表示其天真爛慢。誰能說青年不該這樣？

（c）青年本該是奮鬥的——熱血沸膠義憤填膺反抗暴扶持弱小，誰能說青年不當這樣？

（d）青年本該是認真的——熱誠懇摯真情真感絕無遁飾委曲。誰又能說青年不當這樣？

（e）青年本該可以專心讀書的——入完備的學校受健全的教育以養成有作為能進步的生活習慣。這豈不是青年應有的權利？

（f）青年本該可以享受具足而幸福的生活的——滿足正常的戀愛欲求擔任必要的社會工作及在和平愉樂的環境裏生活者。這豈不是青年應有的又一種權利？

總之，照青年的本來面目看來青年應該是生長的發皇的快樂的。但是實際情形如何？那就

杨贤江发表于《民铎杂志》上的《中国青年之敌》（部分）

吴志青（1887—1951），安徽歙县人。毕业于上海中国体操学校。1912年后，任南京第四师范学校、江苏省第一工业学校、上海民主中学等校体育主任。1917年，任江苏省体育研究会副会长。1919年，创办中华武术会并任会长，曾获孙中山嘉许。1922年，当选体育研究会会长。1923年，创立中华体育师范学校，任军警武术教练。1923年秋，任上海大学选科教授，教授体育课程。1928年后，任全国国术考试筹备处副主任、中央国术馆教务处副主任、中国国术馆编审处处长。1942年，任西南联大体育教授。著作有《太极正宗》《国术理论概要》《尚武楼丛书》《国术论丛》等。

1922年9月，孙中山为中华武术会题写"尚武楼"字幅

吴志青著《太极正宗源流》书影（1945年）

一 教师篇

吴建寅（1874—1949），字芷敬，陕西泾阳人。中国比较文学开创者吴宓生父。师从关中近世大儒刘古愚，泾阳县学增生。肄业于味经书院。曾自费赴日本留学，任三原县善堂董事，后在上海家中收留避难至沪的于右任，参与上海民立报社工作。1922年11月，任上海大学会计员。1932年5月21日，任国民政府监察院科员，在会计科工作。撰有《天算解题》《味经书院通儒台经纬仪用法》等。

吴建寅（左）和其子吴宓（右）

味经书院

公文

本院职员任免案

● 本院令 第六二二號 二十一年四月十五日
令派陶天南爲本院薦任秘書由

兹派該員爲本院薦任秘書，先行到差，聽候呈薦。此令。

● 本院令 第七七九號 二十一年五月二十一日
令委吳建寅爲本院科員由

爲令事：兹委任該員爲本院科員，並派在會計科服務。此令。

● 本院行文書科科長石國柱指令 第二七五號 二十一年四月十二日
呈悉。准予辭職。此令。

● 本院行參事洪蘭友指令 第二七四號 二十一年四月十三日
准予辭職由

呈悉。准予辭職。此令。

監察院公報 第十三期·第十四期合刊本 公文

监察院关于任命吴建寅为科员的公文

吴梦非（1893—1979），五四时期有影响的音乐教育家，中国美学界奠基人之一。学名翼荣，浙江东阳人。1911年，考入浙江省官立两级师范学堂，后随李叔同学音乐、美术。1919年，与丰子恺等创办上海艺术专科师范学校并任校长。1924年4月前，任上海大学美术科艺术教育等课程教授。新中国成立后，任浙江省文联组织部副部长、上海音乐学院教务处副处长。20世纪二三十年代，编译的《和声学大纲》被学校广泛采用。

吴梦非编译《和声学大纲》书影（1930年初版）　　吴梦非著《西画概要》书影（1931年初版）

一　教师篇

何味辛（1903—1986），原名王鍼生，幼年从外祖父姓何，名福良，笔名慧心、味辛，后改名何公超，上海松江人。1920年，到商务印书馆文书股工作。1924年，任上海《民国日报》副刊《杭育》编辑。1925年，加入中国共产党，同期到上海大学任教。五卅惨案后，任中国共产党出版的第一张日报《热血日报》编辑。四一二反革命政变后，与党失去联系。1944年，与人合创《儿童世界》并任主编。1949年，与党组织恢复联系。新中国成立后，任少年儿童出版社副总编辑、上海市政协委员。著作有童话集《快乐鸟》《丑小鸭》《小金鱼》等。

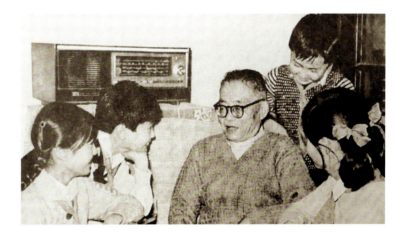

何味辛和孩子们在一起

何味辛主编《儿童世界》书影
（1947年）

何味辛著《兽国记》书影
（1949年）

何世枚（1896—1975），字朴枕，安徽望江人。何世桢胞弟。1921年，东吴大学法学院毕业后赴美国密歇根大学留学并获法学博士学位。1924年春，任上海大学英国文学系议会法、论理、小说、散文等课程教授；同年10月后，随何世桢一起离开上海大学，秉持祖父遗志创办持志大学并任副校长兼教务长。抗日战争胜利后，在上海从事律师工作。1975年在扬州病逝。

何家位于江苏扬州的园林"何园"（寄啸山庄）

何世枚（左）、何世桢合影

一　教师篇

何世桢（1895—1972），安徽望江人。何世枚胞兄。1918年，毕业于北京大学英文系。后赴美国密西根大学留学并获法学博士学位。1922年回国。1923年秋，任上海大学英国文学系主任，教授英文演说等课程。1923年12月，任上海大学学务长并继续兼英国文学系主任。1924年10月后，离开上海大学，秉持祖父遗志创办持志大学并任校长。抗日战争胜利后，在上海从事律师工作。1972年10月在上海病逝。

持志大学校门

1923年7月23日，《民国日报》刊登《暑期讲习会今日讲全民政治·何世桢博士主讲》的消息

何葆仁（1895—1978），又名保仁，福建漳州人。先后就读于南京暨南学堂、上海复旦公学，后进入复旦大学中文系学习。五四运动时期，先后任上海学生联合会会长、全国学生联合会副会长。1920年赴美国伊利诺大学留学，获政治学博士学位。1924年回国，任上海大学英国文学系法学通论、哲学史等课程教授。1925年，任新加坡华侨中学校长。1941年后回国，在重庆任职。1945年，重返新加坡经商。1978年1月在新加坡病逝。

《澄衷》1924年第7期刊登何葆仁《政治与道德》演讲稿（部分）

汪馥泉（1900—1959），字浚，浙江杭州人。毕业于浙江省立甲种工业学校。1919年，参加五四运动；同年赴日本留学，1922年回国，从事翻译工作。1925年8月，任上海大学中学部教员。新中国成立后，任东北人民大学中文系教授兼图书馆馆长。1959年在长春病逝。

 汪馥泉译《史的唯物论概说》书影

 汪馥泉主编《学术》杂志封面

一 教 师 篇

狄侃（1893—1967），江苏溧阳人。五四运动期间，当选上海全国学生联合会会长。1923年3月，任孙中山大本营秘书；同年8月前后，任上海大学中学部法学通论、万国公法、中国现行法等课程教员。1967年在溧阳病逝。

1923年8月22日，《新闻报》刊登《上海大学中学部近况》的消息，介绍狄侃等教授任课情况

《法学季刊》1923年第7期刊登狄侃《现行法对于订婚结婚离婚的规定》演讲稿

沈仲九（1887—1968），浙江绍兴人。曾任湖南第一师范学校、吴淞中国公学教员。1923年秋，任上海大学中国文学系语体文等课程教授。1925年秋，赴日本游学。1927年6月，任国立劳动大学工学院院长。1948年下半年至1949年初，参与策划国民党浙江省政府主席陈仪起义。新中国成立后，任中华书局编审、平明出版社编辑。1955年2月，任上海市文史馆馆员。1968年在上海病逝。

《教育杂志》1925年第2期刊登沈仲九《革命和教育》一文

沈亦珍（1900—1993），名祎，江苏高邮人。1917年考入南京高等师范工科，1918年转入香港大学，1922年毕业后在集美师范学校任教，后到暨南中学主持校务。1926年4月前后，任上海大学英国文学系教授。1933年赴美留学，先后获美国密歇根大学教育学院硕士学位、哥伦比亚大学教育学院博士学位。回国后，先后在国立中山大学、复旦大学任教。1949年后，任台湾大学、台湾师范大学教授。1962年赴香港，任苏浙公学校长。后任香港中文大学新亚书院校长兼中文大学副校长。1981年，接受中国大陆灾胞救济总会邀请，任调景岭中学董事长兼职监。退休后，任香港中国文化协会主任委员。

沈亦珍著《我的一生》书影

一 教 师 篇

沈志远(1902—1965),中国经济学家。原名会春,曾用名观澜,浙江萧山人。毕业于南洋公学附中。1925年3月,任上海大学中学部教员;同年,在上海大学加入中国共产党。1926年8月前后,任上海大学中学部教务副主任兼事务主任;同年12月,受党组织派遣,赴苏联莫斯科中山大学学习。1929年,考取莫斯科中国问题研究所研究生,参加《列宁选集》第六卷的翻译出版工作。1931年12月回国,先后在暨南大学、北京大学、西北大学任教。1949年9月,参加中国人民政治协商会议第一届全体会议。新中国成立后,任国家出版总署编译局局长、华东军政委员会文教委员会副主任。为中国科学院哲学社会科学部委员、民盟上海市委主任委员、上海市政协副主席等。1965年在上海病逝。著作有100余种。

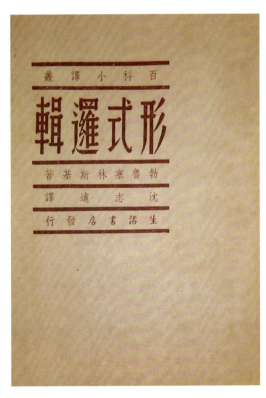

沈志远译著《形式逻辑》书影
(1939年初版)

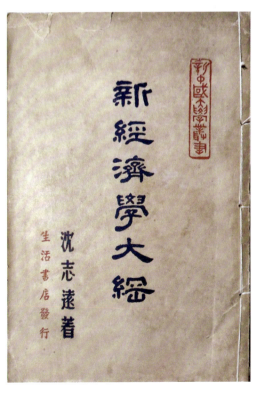

沈志远著《新经济学大纲》书影
(1935年初版)

沈泽民（1900—1933），中国无产阶级革命家。又名德济，浙江桐乡人。沈雁冰胞弟。1917年，考入南京河海工程专门学校。1920年7月赴日本东京帝国大学留学，1921年回国，为中国共产党发起组织成员。1923年底，任上海大学社会学系教授。五卅惨案后，任中国共产党出版的第一张日报《热血日报》编辑。1926年春，随由刘少奇率领的中国职工代表团赴莫斯科出席国际职工大会，会后留在莫斯科中山大学学习，后又到红色教授学院学习，1930年奉调回国。1931年1月，列席中共六届四中全会，补选为中央委员，后任中共中央宣传部部长；同年3月，任中共鄂豫皖中央分局常委、鄂豫皖革命军事委员会委员、鄂豫皖省委书记。1933年11月在黄安病逝。有《沈泽民文集》行世。

1920年，沈泽民（站立者左三）在上海与张琴秋（站立者左二）、杨之华（站立者左一）、恽代英（站立者右二）等合影

一　教　师　篇

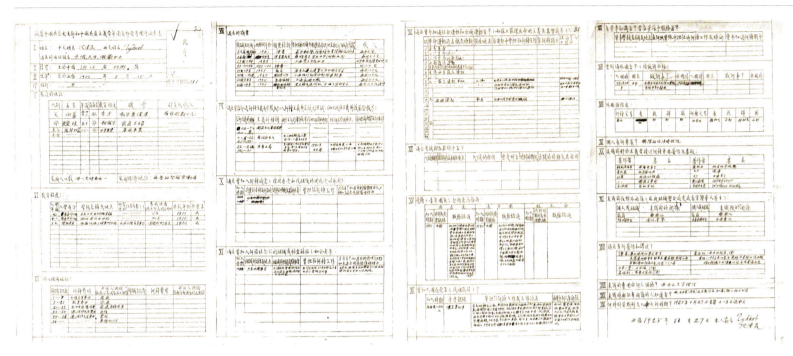

沈泽民赴苏联时的登记表

沈泽民（前）和沈雁冰在乌镇

1920年，沈泽民在上海

沈雁冰（1896—1981），中国作家、社会活动家。原名德鸿，浙江桐乡人。沈泽民胞兄。1916年夏从北京大学预科毕业后，任上海商务印书馆编译所编辑。为中国共产党发起组织成员。1923年5月，任上海大学中国文学系欧洲文学史、小说等课程教授。曾当选上海大学行政委员会委员。五卅运动期间，与上海大学师生一起参加示威游行。1925年6月，发表《"五卅"事件的外交背景》，参加《公理日报》编辑工作，报道五卅惨案真相。1925年底离开上海大学，赴广州参加国民党第二次全国代表大会。四一二反革命政变后，以"茅盾"为笔名开始文学创作。新中国成立后，任文化部部长、中国作家协会主席、全国政协副主席等。1981年3月在北京病逝。著有长篇小说《子夜》等文学作品。

沈雁冰在他的回忆录中留下了关于上海大学成立的珍贵史料，1981年人民文学出版社出版了以茅盾署名的《我走过的道路》，其中说："平民女校是党办的第一个学校，上海大学是党办的第二个学校。原来有个私立东南高等师范学校，这个学校的校长想用办学的名义来发财，方法是登广告宣传他这个学校有哪些名人、学者（例如陈望道、邵力子、陈独秀）任教职，学费极高。学生都是慕名而来，思想比较进步的青年，来自全国各地。开学后上课，却不见名人，就质问校长，于是学生团结起来，赶走了校长，收回已交的学费。这时学生中有与党有联系的，就来找党，要党来接办这学校。但中央考虑，还是请国民党出面办这学校于学校的发展有利，且筹款也方便些，就告诉原东南高等师范闹风潮的学生，应由他们派代表请于右任出来担任校长，改名为上海大学。于是于右任就当了上海大学的校长，但只是挂名，实际办事全靠共产党员。"

沈雁冰著《我走过的道路》书影

一 教 师 篇

沈雁冰著《欧洲大战与文学》书影（1928年）

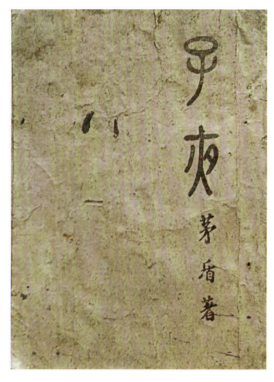
沈雁冰代表作《子夜》书影（1934年）

　　沈雁冰上的课给学生留下深刻印象，上海大学中国文学系学生丁玲回忆："我喜欢沈雁冰先生（茅盾）讲的《奥德赛》《伊利阿特》这些远古的、异族的极为离奇又极为美丽的故事。我从这些故事里产生过许多幻想。我去翻欧洲的历史、欧洲的地理，把它们拿来和我自己的民族远古的故事比较。我还读过沈先生在《小说月报》上翻译的欧洲小说。他那时给我的印象是一个会讲故事的人。""我有幸曾是茅盾同志的学生，一九二二年在上海平民女校，一九二三年在上海大学，都是听他讲授文学课的，后来我从事文学事业，虽不是由于他的影响，但他却在谆谆课读之中培养了我对文学的兴趣。"上海大学另一名学生周启新回忆，沈雁冰"在上大讲授'西洋文学概论'，据名著节本，演讲世界文学故事，生动活泼，颇受同学欢迎"。

张太雷（1898—1927），中国无产阶级革命家，广州起义领导人。原名曾让，字泰来，江苏常州人。1915年秋，考入北京大学；同年冬，考入天津北洋大学。1920年10月，加入北京中国共产党早期组织；同年，共产国际代表维经斯基到北京同李大钊等人讨论建立中国共产党事宜，张太雷担任翻译。1921年春，赴苏俄任共产国际远东书记处中国科书记。1922年5月，当选中国社会主义青年团中央委员。1924年春，在社会主义青年团中央工作并任《民国日报》主笔；同年8月，任上海大学社会学系政治学、政治学史、英文等课程教授。1925年1月，中国社会主义青年团第三次全国代表大会在上海召开，会议决定将中国社会主义青年团改为中国共产主义青年团，张太雷主持会议并当选团中央书记。会后不久，奉命赴广州工作。1927年12月11日，与叶挺、恽代英、叶剑英、杨殷、聂荣臻等一起领导了广州起义并任广州苏维埃政府代理主席兼人民陆海军委员；同月12日，在率部与敌作战时牺牲。

1921年，张太雷（后排左五）和瞿秋白（后排左四）参加共产国际第三次代表大会

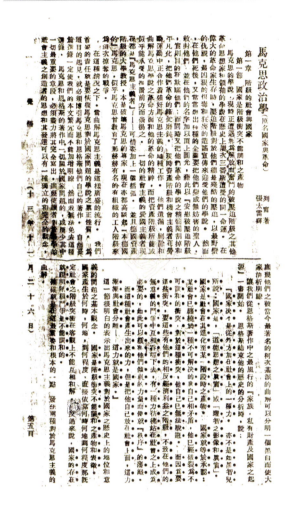

1917年，张太雷（后排左一）与常州中学旅津校友合影

1924年11月26—29日，《民国日报》副刊《觉悟》刊登张太雷为纪念列宁逝世一周年赶译的列宁《国家与革命》第一章

1924年，张太雷与夫人陆静华合影

上海大学学生王一知在《五四运动引导我走向革命》一文中回忆道："一九二三年，我党领导下的上海大学开办了。邓中夏管总务，瞿秋白、张太雷任教员。我便到上海大学去学习。我最爱听张太雷同志讲课，他讲得生动活泼，有声有色，富有风趣和幽默感，令人听得乐而忘倦。他解释问题时，由易到难，由浅入深，听过后，懂得透，记得清。他讲课时，不仅选读他的课的人去听，没有选读他的课的人也去听。我们也常去向他问难，请他解惑。他总是含笑听我们提出问题，然后耐心解答，有时就我们提出的问题反问我们，一层层问下去，把我们提出的问题就解答出来了。当我们欢快地叫着'妙！''妙！'时，他又说：'这只能是似乎对了，不能说完全对了，因为世界事物是在瞬息万变中，人类的认识也在不断的前进中。'"

张厉生（1901—1971），原名光周，改名维新，字少武，直隶乐亭（今属河北）人。1917年，考入天津南开学校。1920年赴法国留学，1922年考入巴黎大学。1923年，在巴黎加入中国国民党。1925年回国，任上海大学教授。1926年底，参加北伐，任北伐军第10军政治部秘书。1929年，任国民党中央组织部秘书。1935年，任国民党中央执行委员会委员。1936年，任国民党中央组织部部长。抗日战争期间，任国民党中央军事委员会政治部秘书长。1944年，任国民政府内政部部长。1971年4月在台北病逝。

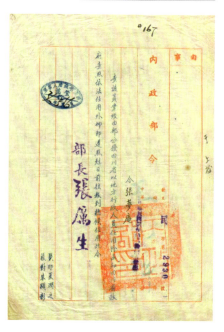

张厉生任国民政府内政部部长时签署的指令

张作人（1900—1991），中国动物学家。原名念恃，号觉任，江苏泰兴人。1921年北京高等师范学校毕业后，即由泰兴县出资赴日本东亚高等预备学校留学，后决定赴欧洲留学并于当年回国筹措留学经费。1925年2月，任上海大学中学部生物学等课程教员。1927年4月，任上海大学中学部代理主任。1928年，赴比利时布鲁塞尔大学动物研究所留学，1930年获科学博士学位。1932年获法国自然科学博士学位；同年回国，任中山大学生物系教授，1937年起兼任生物系主任。新中国成立后，任同济大学教授兼动物系主任、华东师范大学生物系教授兼系主任、上海自然博物馆学术委员会主任和动物馆馆长。1984年6月，加入中国共产党。

张作人著《人类天演史》书影（1930年）

一　教师篇

张伯简（1898—1926），字稚青，白族，云南剑川人。1919年赴法国勤工俭学，后赴德国、奥地利等国考察学习，在德国加入中国共产党并任旅欧中国少年共产党组织委员。不久赴莫斯科东方大学学习。1924年秋回国，应瞿秋白邀请任上海大学政治经济学教授。在上海和京汉铁路从事革命工作并任中共中央出版部书记、中共广东区委军委书记。1925年，任中共中央罢工委员会书记，领导过省港大罢工，因积劳病逝。编纂的《社会进化简史》是中国较早用历史唯物主义原理阐述人类社会发展史的理论著作，为马克思主义在中国的传播作出贡献。

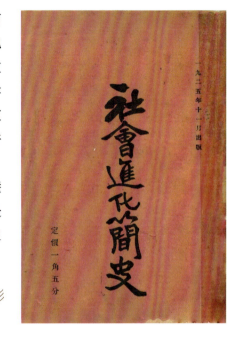

张伯简著《社会进化简史》书影（1925年）

张君谋（1894—1958），名乃燕，浙江湖州人。国民党元老、上海大学校董张静江之侄。1912年，加入中国国民党。1913年赴欧洲留学，1919年获日内瓦大学理学博士学位。1923年3月，任上海大学文学科主任、教授；同年8月前后，离开上海大学。1928年，任国立中央大学首任校长。1933年任驻比利时国全权公使并受政府建设委员会之托考察欧洲各国建设事业，1935年5月回国。1958年在上海去世。

张君谋著《欧战中之军用化学》《世界大战全史》《罗马史》书影

张秋人（1898—1928），学名慕翰，别号秋莼，浙江诸暨人。1920年，在上海结识陈独秀等，接受马克思主义，积极投身革命活动。1922年初，加入中国共产党。1923年5月，任上海大学英文教授兼中学部英文教员。1925年1月，中国社会主义青年团在上海召开第三次代表大会，当选团中央执行委员。1926年3月，辞去上海大学教职赴广州，先在毛泽东主持的第六期广州农民运动讲习所任教员，后任黄埔军校政治教官，与恽代英、萧楚女并称"广州三杰"。四一二反革命政变后，任中共浙江省委书记。1927年9月被国民党当局抓捕，1928年2月就义。

1931年，毛泽东与毛泽民的妻子钱希均谈到张秋人，说："张秋人同志是一个好同志、好党员，很有能力。很会宣传，很有群众基础，可惜他牺牲得太早了。"

张秋人发表于《中国青年（上海1923)》上的《十月革命的领导者——列宁》《五卅运动与教会学校》文章

张秋人烈士之墓

一 教 师 篇

陈抱一（1893—1945），中国画家。广东新会人。1921年，毕业于日本东京上野美术学校。曾任神州女子学校艺术科、上海图画美术院教授。1923年前后，任上海大学美术科西洋画、木炭画等课程教授。1925年，创办中华艺术大学。后到上海艺术专科学校任教。1945年7月在上海病逝。

1923年，陈抱一与夫人在画室

陈抱一油画作品《自画像》（1940年）

张奚若（1889—1973），又名熙若，陕西大荔人。早年加入中国同盟会，参加辛亥革命，后赴美国哥伦比亚大学留学，1920年获政治学硕士学位。1924年8月，任上海大学政治学系主任。曾任中央大学、清华大学教授。与胡适共同组建现代评论社。抗日战争全面爆发后，任西南联合大学政治学系主任、国民参政会参政员。新中国成立后，任中央人民政府委员、政务院政法委员会副主任、教育部部长、对外文化联络委员会主任、中国人民外交学会会长。为第一至第四届全国政协常委。

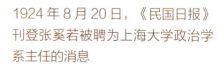

1924年8月20日，《民国日报》刊登张奚若被聘为上海大学政治学系主任的消息

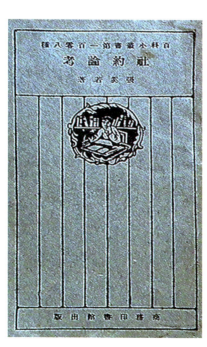

张奚若著《社约论考》书影（1931年初版）

张奚若（中）与徐志摩（右）、金岳霖在美国哥伦比亚大学合影

张奚若手迹(1947年)

1949年10月,陈毅在清华大学与清华大学校务委员会常务委员合影(左起叶企孙、潘光旦、张奚若、张子高、陈毅、周培源、吴晗)

  1949年6月,在中国共产党领导下,我国着手筹备召开新的政治协商会议——中国人民政治协商会议,张奚若作为无党派爱国民主人士被邀参加。9月,全国政协举行第一届第一次全体会议,张奚若作为第一届委员会委员参加了大会,并和全体委员一起积极参与制定具有临时宪法性质的《中国人民政治协商会议共同纲领》的工作。在讨论国家名称时,第四组讨论中有人提议用"中华人民民主共和国",也有人主张用"中华人民民主国"。张奚若在第四组第二次全体会上,阐述了自己的看法,他认为:用"中华人民民主共和国"或"中华人民民主国",不如用"中华人民共和国"。因为"人民共和国"已说明了我国的国体,"人民"二字是指工人、农民、小资产阶级和民族资产阶级,"已经把人民民主专政的意思表达出来,不必再把'民主'二字重复一次了"。大会采纳了他的意见,通过了"中华人民共和国"国名。大会通过的"国徽",也是由梁思成为首的几位清华教师设计好后,经他转交周恩来总理的。(中共北京市委党史研究室编:《中共北京党史人物传(第2卷)》,中共党史出版社1994年版,第285—286页)

陈望道（1891—1977），中国教育家、语言学家、《共产党宣言》首个中文全译本翻译者。原名参一，又名融，字任重，浙江义乌人。毕业于日本中央大学法科。1920年，参加《新青年》编辑工作。为中国共产党发起组织成员。中国共产党成立后，任中共上海地方委员会第一任书记。1923年退党；同年6月，任上海大学中国文学系主任、教授，讲授语法文法学、修辞学、美学等课程；同年8月8日，当选上海大学最高决策机构评议会评议员。1925年2月，兼任上海大学学务主任。1927年，任上海大学行政委员会主席，主持学校工作。后到复旦大学任教。抗日战争胜利后，任上海华东地区高校教授联合会主任。新中国成立后，任华东军政委员会文教委员会副主任兼文化部部长、复旦大学校长、华东行政委员会高教局局长。为中国科学院哲学社会科学部委员、全国政协常委、中国民主同盟中央副主席兼上海市主任委员。1957年，经毛泽东特别批示重新加入中国共产党。1977年在上海去世。著作有《修辞学发凡》《陈望道文集》等。

陈望道译《共产党宣言》书影（1920年）

陈望道晚年时回忆:"1923年夏,中国共产党为了培养党的干部力量,决定改组上海大学。我当时收到一个纸条,上面写要我去上海大学工作,还写道关于教师等条件我们完全会解决,这个小纸条后面的署名是'知名'。我一看这个纸条知道是陈独秀写的,因为我对他的字很熟,一看'知名',我就去了,本来我不想去,但是,我知道这是党,中国共产党要我做的,我就去了。"

上海大学学生钟伯庸回忆:"1927年5月中旬,我从南京逃到上海,去见上大校务主任(代理校长)兼教务长陈望道。当时,有老师对陈望道说:'上大遭封闭了,但是只要你肯代表学校向国民党低头,向国民党保证,以后永远不违背国民党的意旨,上大就可启封了。'陈望道当即愤怒地回答道:'我决不向国民党低头!'"

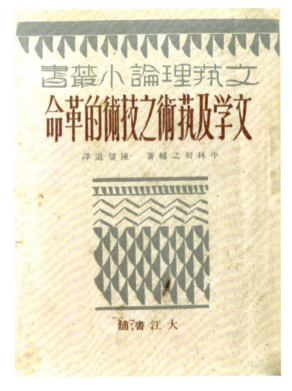

陈望道译《文学及艺术之技术的革命》书影(1928年)

陈望道著《修辞学发凡》书影

1956年1月1日,毛泽东在上海锦江饭店小礼堂邀请陈望道等著名人士共进午餐,席间称赞陈望道的《修辞学发凡》"写得很好","现在许多人写文章就是不讲文法,不讲修辞,也不讲逻辑"。

陈德徵（1893—1951），字待秋，浙江浦江人。以勤工俭学就读于之江大学化学系。1923年春，任上海大学中学科主任；同年5月，兼任图书室主任；同年8月7日，在《民国日报》副刊《觉悟》发表《发展中的上海大学中学部》；同年8月8日，当选上海大学最高决策机构评议会评议员。1926年，任《民国日报》主编。1928年5月，当选上海各界反对日军暴行委员会主席兼宣传委员会主任。1929年4月，任上海特别市教育局局长。1951年在上海去世。

1923年3月5日，《民国日报》刊登聘请陈德徵为中学科主任的消息

陈德徵著《个性教育论》书影（1930年初版）

陈德徵著《天才儿童教育》书影（1931年初版）

一 教 师 篇

陈灨一（1892—1953），一作甘簃，字藻青，号颍川生，别属睇向斋主人、谈所欲谈斋主人、听天由命生、旁观客等，江西黎川人。在张学良幕中参与机要多年。曾任上海大学中国文学系国文名选著课程教授。九一八事变后，到上海创办《青鹤》杂志。1948年赴台湾。1953年在台北病逝。著有《向斋随笔》《睇向斋闻见录》《睇向斋秘录》《怀远录》《历史人物观》《甘簃诗文集》《辛亥和义之秘史》《甘簃随笔》等。

陈灨一著《甘簃随笔》书影　　　　于右任给陈灨一的信

邵元冲（1888—1936），字翼如，浙江绍兴人。1906年，加入中国同盟会；同年，考入浙江高等学堂。1911年，赴日本留学。1912年回国，任《民国新闻》总编辑。1917年9月，广州军政府成立，任大元帅府秘书。1919年冬，赴美国留学。1924年，在国民党第一次全国代表大会上当选候补中央执行委员，随后递补为中央执行委员。1924年夏，任国民党中央执行委员会常委。1925年前后，任教于上海大学。孙中山北上时任随行机要秘书，孙中山逝世时为遗嘱证明人之一。1936年，在西安事变中受伤后去世。

邵元冲讲演《各国革命史略》书影（1925年，书名由其夫人张默君题写）

1934年，邵元冲（前排左二）、张默君（前排左三）夫妇参加南京各界举行的植树典礼

1934年，邵元冲（前排左一）偕夫人张默君（前排左四）与吴稚晖（前排左三）、蔡元培（前排右一）等游雁荡山灵严寺合影

一 教师篇

邵诗舟（生卒年不详），浙江绍兴人。邵力子堂弟。1923年，任上海大学英国文学系小说、西方史等课程教授兼中学部高三英文等课程教员。后任复旦大学英文翻译和会话等课程教授。

上海大学学生周启新在《革命的大学——上海大学》中回忆："邵诗舟，在上大讲授中外史地，这是普通常识，不论中文、英文，社会学各系皆须学习，每周四小时。邵氏讲课简单扼要，国名、人名、地名、山名、河名，皆以英文为标准。讲课资料与后来《世界知识》所载《列国志》内容大致相似。"

上海大学中学部近况

本埠闸北青岛路上海大学，为培植根本人才计，对于中学部，异常注意，该部主任陈德徵君，下年在高级中学方面，注重选修制，闻分为文学社会科学艺术三科、一年级除公民学国文英文等必修科，二十六学分外、在分科课目中，得任习二学分、二年级除必修科二十学分外、在分科课目中，得任习八学分、已聘定沈仲九冯子卷邵诗舟施存统徐蟹女士曾伯兴等、分别担任必修科目、叶楚伧蔡和森狄侃洪野仲子通等、担任选修科目，陈君又任该校评议会提议举办高三、以副一般侨制中学毕业才力不及入大学者之向上求学之望、已得该校评议会正式通过，

1923年8月22日，《新闻报》刊登上海大学中学部聘请邵诗舟等为教师的消息

邵力子（1882—1967），原名闻泰，字仲辉，浙江绍兴人。邵诗舟堂兄。清末举人。早年留学日本，加入中国同盟会。为中国共产党发起组织成员。1919年6月，任《民国日报》主笔并开办副刊《觉悟》。1922年10月后，任上海大学副校长、代理校长，教授中国古代散文等课程。同一时期，任《民国日报》副刊《觉悟》主编。《觉悟》刊登了大量中国早期共产党人和上海大学教师李大钊、陈独秀、瞿秋白、李达、李汉俊、恽代英、沈雁冰、沈泽民、萧楚女、向警予、包惠僧、刘仁静、张闻天、张太雷、方志敏、蒋光赤、任弼时、杨贤江、罗章龙、陈毅、杨之华等人的文章，以及马列著作译文，成为当时传播马克思列宁主义的一个重要阵地。1923年8月8日，当选上海大学最高决策机构评议会评议员。1925年，因受租界当局迫害，离开上海大学赴广州，先后任黄埔军校秘书长，政治部副主任、主任。1926年，经中共中央批准，退出中国共产党；同年11月，赴苏联参加共产国际第七次扩大会议。后任国民革命军总司令部秘书长、中国公学校长、陕西省政府主席、国民党中央宣传部部长、驻苏联大使、国民参政会秘书长。1949年，为国民政府和平谈判代表团成员；同年，出席中国人民政治协商会议第一届全体会议。后任政务院政务委员、中苏友好协会副会长、民革中央常委。为第一至第三届全国人大常委会委员、第一至第四届全国政协常委，《辞海》第二版主编。1967年在北京病逝。有《邵力子文集》行世。

上海大学学生阳翰笙回忆："副校长邵力子是很忙的，他不仅是国民党的中央委员，而且在上海很有名望，如果上大的学生和教职员被捕，他就去法庭和人家辩论，不许敌人拷打折磨我们，他去打官司把我们保出来，做了许多营救我们的工作。"

1924年3月14日，《民国日报》副刊《觉悟》刊登邵力子《共进社社友武止戈底离婚案》一文

一　教　师　篇

出任黄埔军校政治部主任时的邵力子

1929年，邵力子与女儿邵伟真在南京汤山

金仲文（1881-1950），朝鲜人。又名圭植、奎植。曾任韩国第一代政府外务总长、皇城基督教青年会教育部干事，是韩国光复运动团体联合会、韩国三一节、朝鲜民族战线联盟重要人物，是巴黎和会时的朝鲜代表。后到中国从事教育事业，在上海创办博达学院等多所学校。1925年8月，任上海大学教授。1932年，受中韩民众大同盟派遣赴美宣传朝中人民联合抗日。1935年，朝鲜民族革命党创立，任党主席兼中央委员会委员长。抗日战争全面爆发后，赴四川大学从事抗敌和复国活动，成立四川大学抗敌委员会，加入战时工作委员会。1940年，任大韩民国临时政府国务委员会副主席。1946年，任韩国过渡立法委员会委员长。1950年，在韩国战争中被朝鲜人民军拘捕。

1925年8月7日，《民国日报》刊登金仲文被上海大学聘为教授的消息

金祖惠（1898—1986），字逊迪，一说孙迪，浙江义乌人。金华火腿最大作坊"金永和"老板金重辉之子。1916年，赴日本庆应大学留学。1926年，任上海大学教授。曾任上海法科大学、平原省师范学院教授，中华民国驻朝鲜京城总领馆领事、新义州领事。八一三淞沪会战后，拒绝承认日本支持的华北伪政权，率新义州领事成员撤离。南京汪伪政权成立后，任汪伪政府工商部驻沪办事处主任、参事兼接收日军管理工厂委员会驻沪办事处主任。新中国成立后，任河南大学教授。

周水平（1894—1926），原名倪，又名树平，字刚直，江苏江阴人。1917年，赴日本东京高等体育学校留学。1920年回国，任徐州师范教务主任兼国文教育教员。1924年4月前，任上海大学中学部体育教员；同年4月12日，在《民国日报》副刊《觉悟》发表《下风底死》一文，被上海大学中学部主任侯绍裘编入教材《国语文选》。1925年春，加入中国共产党；同年7月，赴江阴、无锡、常熟三县边区开展农民减租斗争，成为江苏地区农民运动先驱；同年11月被捕，1926年1月被军阀孙传芳密令杀害。2009年9月，被评选为"50位为新中国成立作出突出贡献的江苏英雄模范人物"之一。

1994年6月，时任中共江西省委第一书记的江渭清为周水平烈士纪念馆题词

1926年11月25日，毛泽东以"润之"的笔名在《向导》周报发表题为《江浙农民的痛苦及其反抗运动》的文章，在讲到周水平领导农民在家乡开展减租斗争时说："周往来各村，宣传农民痛苦声泪俱下，顾山农民从者极众，江常锡三县交界各地农民都为煽动，如云而起，反对为富不仁之劣绅大地主，一致要求减租。但当农民尚未完全联合起来之时，劣绅地主早已联合起来，江阴、常熟、无锡三县绅士地主同时动作。文电如雪片告到孙传芳，孙传芳哪有不听劣绅地主的话，于去年十一月便把佃户合作自救会解散，把周水平捕获，今年一月便把他枪毙了，减租运动算是一时镇压下来。当周水平灵柩回到顾山安置在他家里时，农民们每日成群到他灵前磕头，他们说：'周先生是为我们死的，我们要给他报仇！'"

1933年，于右任题写的墓碑

周由廑（生卒年不详），浙江湖州人。周越然堂兄。早年在湖州湖郡女校任教。1922年，任教于海澜英文专门学校，后在商务印书馆编译所英文部工作，任《英语周刊》主编、英语函授社英语正音讲习会干事长、函授学校教务主任。曾任万国语音学会（即国际语音学协会）会员、湖州旅沪同乡会一湖社执行委员兼《湖州月刊》主编、湖州旅沪初级中学校长。1925年8月，任上海大学英国文学系教授。1926年8月前后，代理上海大学英国文学系主任。1927年3月，任上海大学行政委员会委员。上海大学被武力封闭后，负责债务处理工作。较早在中国系统讲解国际音标，参与编译《韦氏大学字典》，翻译莫泊桑的《金刚钻颈串》（《项链》）。

周由廑主编《英语周刊》

周由廑著《英语论说文范二集》书影（1926年）

一 教 师 篇

周越然（1885—1962），本名文彦，又名复盦，浙江湖州人。周由廑堂弟。清末秀才。1901年，入华英学堂。1908年后，到苏州英文专修馆、江苏高等学堂任教。1913年，任安徽高等学校英文教员兼教务主任，后到上海商务印书馆编译所英文部工作。1924年12月，任上海大学英国文学系主任、教授。1926年8月，因身体原因辞去英国文学系主任职务。1936年，在《上海大学留沪同学会成立大会特刊》发表《一件喜事》，"希望上大众同学，本其旧有之精神，继续研究之而不绝不止"。新中国成立后，任上海水产学院英语教授。1962年夏在上海病逝。

周越然在英语方面造诣很深，1918年编撰出版的教材《英语模范读本》在读者中影响很大。老革命家曾志回忆，1929年，毛泽东在上杭休养期间自学英语，用的教材就是《英语模范读本》。

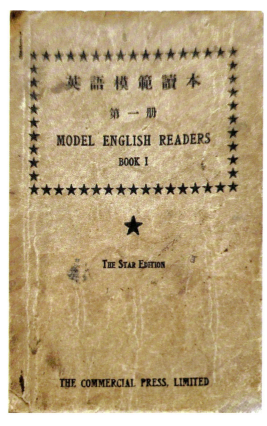

《教育杂志》1924年第2期刊登周越然《英语教学法——直接法》一文

周越然编撰《英语模范读本》书影（第一册）

周建人（1888—1984），原名乔峰，浙江绍兴人。鲁迅胞弟。1920年，到北京大学哲学系学习。1921年10月，任商务印书馆编辑。1924年春，任上海大学社会学系生物哲学课程教授。1932年，加入中国民权保障同盟。1945年，与马叙伦等在上海发起成立中国民主促进会。1948年4月，加入中国共产党。新中国成立后，任高等教育部副部长、浙江省省长，为全国人大常委会副委员长、全国政协副主席、民进中央主席。1984年7月在北京去世。有《周建人文选》行世。

1919年，周建人与周作人之子周丰一

1927年10月4日，周建人与鲁迅夫妇等合影（前排右起：鲁迅、许广平、周建人；后排右起：孙伏园、林语堂、孙福熙）

一　教　师　篇

 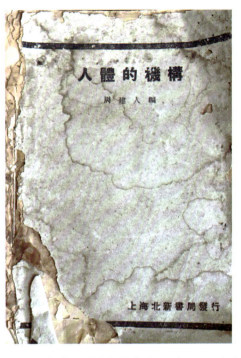 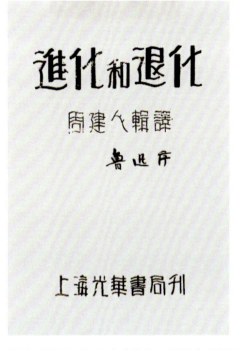

周建人译著《遗传论》书影（1922年）　周建人编《人体的机构》书影（1930年）　周建人辑译、鲁迅序《进化和退化》书影（1930年）

1957年10月，周建人代表高等教育部在内蒙古大学庆祝内蒙古自治区成立十周年大会上致辞

周予同（1898—1981），中国经学史家。原名毓懋，学名豫桐、蘧，浙江瑞安人。五四运动期间，参与组织火烧赵家楼。1920 年，毕业于北京高等师范学校。曾任上海商务印书馆国文部编辑、教育杂志社编辑主任。曾到上海大学任教。后任安徽大学、暨南大学教授，开明书店编辑兼襄理。新中国成立后，任复旦大学教授、历史系主任、副教务长，上海市人民委员会委员，上海历史研究所副所长，《辞海》副主编，上海市文教委员会副主任。为中国民主同盟上海市委副主任委员、第三届全国人大代表。1981 年在上海病逝。主要著作有《经今古文学》《群经概论》《中国历史文选》。

周予同著《朱熹》《群经概论》书影

周颂西（1883—1965），浙江湖州人。毕业于上海震旦学院文科。早年追随孙中山参加同盟会。1912 年，加入中国国民党。1923 年，任上海大学中国文学系英文等课程教授；同年 8 月 8 日，当选上海大学最高决策机构评议会评议员。曾任国民党上海大学区分部书记。1924 年，任国民党上海执行部调查部干事、交际部副部长。为湖州商人 1924 年创办的湖社成员。1932 年 12 月，任淳安县县长，规划兴建淳安至遂安、淳安至建德公路。后任余杭县县长。抗日战争胜利后，任中央信托局专员。1965 年在台北病逝。

1923 年 8 月 9 日，《民国日报》刊登周颂西担任上海大学评议会评议员的消息

一 教师篇

郑振铎（1898—1958），中国作家、文学史家。笔名西谛、郭源新，福建长乐人。1917年，到北京铁路管理学校学习。1921年，与沈雁冰、王统照等组织文学研究会；同年，任商务印书馆编辑。1923年后，主编《小说月报》。同期任上海大学中国文学系文学概论等课程教授。五卅惨案后创刊的《公理日报》编辑部就设在其家中。1927年先后旅居英国、法国，1931年回国后任燕京大学教授。1935年，任暨南大学文学院院长兼中文系主任。1949年9月，参加中国人民政治协商会议第一届全体会议，当选全国委员会委员。新中国成立后，任中国科学院考古研究所所长、文学研究所所长、文化部副部长兼文物局局长等。为中国科学院哲学社会科学部委员。1958年10月7日，率领中国文化代表团出访途中因飞机失事遇难。有《郑振铎文集》行世。

文学研究会在北京中央公园（今中山公园）举行成立会时合影（后排左二为郑振铎）

1921年，郑振铎（右站者）与叶圣陶（左站者）、沈雁冰（右坐者）、沈泽民在半淞园留影

1933年，在燕京大学郑振铎宅前合影（左起：俞平伯、郭绍虞、浦江清、顾颉刚、赵万里、朱自清、陈竹隐、郑振铎夫人高君箴、顾颉刚夫人殷履安、郑振铎）

郑超麟（1901—1998），笔名林伊文、林超真等，福建漳平人。1919年，赴法国勤工俭学。1922年，成为中国旅欧少年共产党18名代表之一。1923年春，被选派到莫斯科东方大学学习。1924年春，加入中国共产党；同年9月，奉命回国在上海中共中央宣传部工作，其间翻译了布哈林所著《共产主义ABC》。同期任上海大学社会学系教授。五卅惨案后，任中国共产党出版的第一张日报《热血日报》编辑。1927年5月，赴武汉参加中国共产党第五次全国代表大会，会后任湖北省委宣传部部长。八七会议后随中央秘密回到上海，任中央出版局局长，主编机关刊物《布尔什维克》。后参加国际托派组织，为中国托派代表人物之一。新中国成立后，曾任上海市第六届政协委员。著作有《郑超麟回忆录》《从第一国际到第四国际》等。

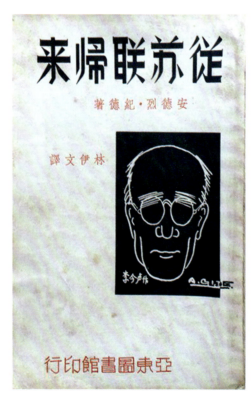

郑超麟译著《从苏联归来》书影（1937年）

郑超麟著《怀旧集》书影（1995年）

一 教师篇

赵景深（1902—1985），中国戏曲史家、戏曲理论家。笔名邹啸，浙江丽水人。1920年，考入天津棉业专门学校。1923年，加入文学研究会。1924年秋，任长沙第一师范学校国文教员。早年翻译的安徒生童话《皇帝的新衣》《火绒匣》《白鸽》等在商务印书馆的《少年杂志》上发表，是较早把安徒生作品介绍给中国读者的翻译家。1925年9月，任上海大学中国文学系文学概论等课程教授。1927年后，任开明书店编辑并主编《文学周报》。1930年，任北新书局总编辑、复旦大学中文系教授。新中国成立后，任中国民间文学研究会上海分会主席、上海昆曲研习社社长等。1985年1月在上海病逝。

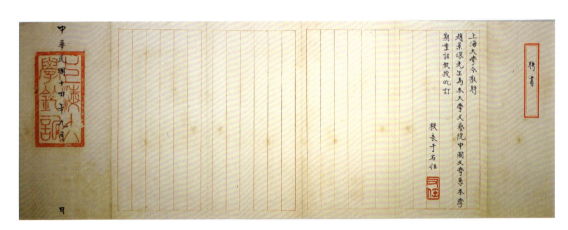

于右任颁发给赵景深的聘书

赵景深和夫人马云裳（马芝宝）合影

胡朴安（1878—1947），中国语言文字学家。字仲民，号朴庵，安徽泾县人。胡寄尘胞兄。辛亥革命前，在《民立报》工作。长于《说文解字》和训诂学。1924年春，任上海大学中国文学系文字学等课程教授。后任上海通志馆馆长、上海市文献委员会主任。著作有《文字学ABC》《中国文字学史》等。

胡朴安著《文字学ABC》书影（1929年）　　胡朴安、胡道静（胡朴安之侄）主编《校雠学》书影（1931年）

一 教 师 篇

胡寄尘（1886—1938），字怀琛，安徽泾县人。胡朴安胞弟。1922年，任上海东南高等专科师范学校国文教员，后转入上海大学任教。1932年，任上海通志馆编辑。1938年1月在上海病逝。著作有《中国文学史概要》《中国文学通评》等。

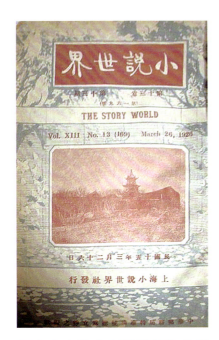

胡寄尘主编《小说世界》书影（1927年）

胡寄尘著《描写人生断片之归有光》书影（1930年）

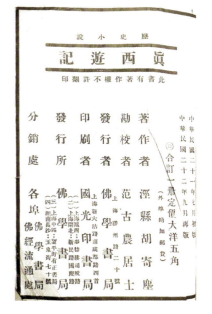

胡寄尘著《真西游记》版权页（1932年初版）

胡汉民（1879—1936），原名衍鸿，字展堂，广东番禺人。1902年，赴日本法政大学留学。1905年，加入中国同盟会，任《民报》主编。1924年2月，任上海大学现代政治课程教授。曾任南京国民党中央政治会议主席、立法院院长。1936年5月在广州病逝。

关于胡汉民在上海大学讲授"现代政治"课的情况，上海大学学生胡允恭回忆："1924年春，上海大学增设现代政治一课。任课教师，国民党方面推派汪精卫、胡汉民，中国共产党方面则推恽代英。他们三人轮流讲授。……胡汉民讲'三民主义的连环性'。他说要实现三民主义，一是要民族独立；二是要打倒帝国主义，收回民权；三是改善人民生活，这就是民生。胡在讲课中说民生主义包括了共产主义，除民生主义外，不需要共产主义，给右派学生鼓了气。……恽代英的现代政治课，观点明确，说理透彻，深得同学好评。显然，他的理论和胡汉民的观点是完全对立的。不久，胡汉民、汪精卫离沪去广州，现代政治课由恽代英一人主讲。"

1924年3月16日，《民国日报》刊登上海大学聘请胡汉民主讲"现代政治"选修课的消息

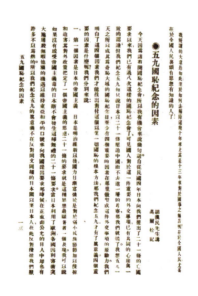

《南洋周刊》1924年第1期刊登胡汉民《五九国耻纪念的因素》一文

1931年2月，胡汉民被软禁于南京汤山温泉

一　教师篇

侯绍纶（1901—？），字砚圃，上海松江人。侯绍裘胞弟。1924年，毕业于复旦大学商科。1925年，任苏州乐益女中英文教员，为苏星足球队队员。1927年，任上海大学中学部教员。1932年，与原上海大学中学部教员陈贵三等人重建由侯绍裘、朱季恂等人创办的新松江社。后任江苏省立上海中学英文教员、上海工务局专员。1949年5月25日，受赵祖康委派，在上海市政府负责与旧政府各局处联络协调以便解放军接收的工作。新中国成立后，任上海中学语文教师，为民革上海市委常委、副秘书长、顾问，上海市政协委员。参与校订《汽车驾驶法》《模范英汉辞典》。

1980年1月20日，侯绍纶（左一）与民革中央副主席朱学范（左二）、民革上海市委主委赵祖康（左三）、民革上海常委丁日初出席民革上海市第五次党员代表大会

1927年2月14日，《申报》刊登上海大学聘请侯绍纶为高中英文教员的消息

侯绍裘（1896—1927），字墨樵，上海松江人。侯绍纶胞兄。1918年，考入上海南洋公学，后因参加进步活动被勒令退学。1923年秋，加入中国共产党。1925年2月，任上海大学中学部副主任；同年5月28日，任上海大学市民演讲团总指挥；同年7月，向国民党中央执行委员会呈《整顿上海大学计划书》；同年8月，任上海大学中学部主任。1926年1月，中国国民党召开第二次全国代表大会期间，由侯绍裘担任团长的上海大学自建校舍募捐团向大会递交《上海大学募捐团致代表大会书》；同年8月4日，在《民国日报》发布《上大附中之新计划》。1927年3月参加上海工人第三次武装起义的组织工作，3月12日当选上海市临时政府委员；同年4月，根据党组织安排，辞去上海大学工作，率国民党江苏省党部机关到南京办公，4月15日被国民党当局杀害。

上海大学中学部学生唐棣华是这样评价侯绍裘的："我们的校长侯绍裘，是共产党员。他对革命事业很积极，他总是亲自带领我们参加革命活动。"上海大学学生钟伯庸回忆："1927年3月底，侯绍裘叫我和高尔柏去南京时，他于黄昏时分来附中教师寝室，对我们说：'这次去南京，不能一无准备，我们随时会碰到不测的变化，刀子会随时搁在我们的头颈上。'这是一句何等悲壮的预言哟！"

1927年，上海工人第三次武装起义胜利后侯绍裘（左）与中共江浙区委书记兼上海军委主任罗亦农合影

一　教师篇

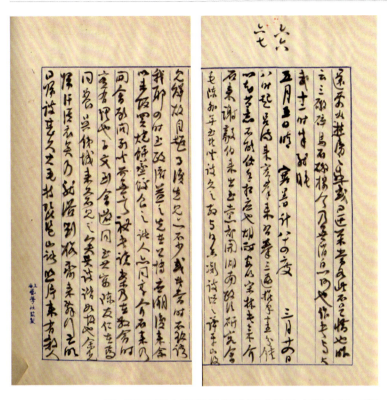

谭延闿日记中记录侯绍裘要求补助上海大学一事

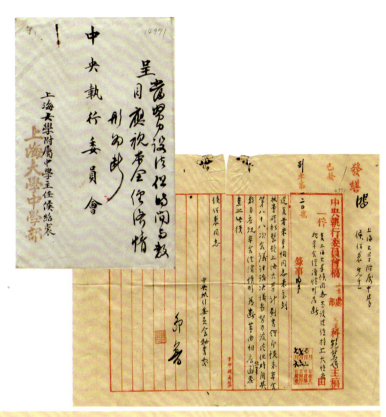

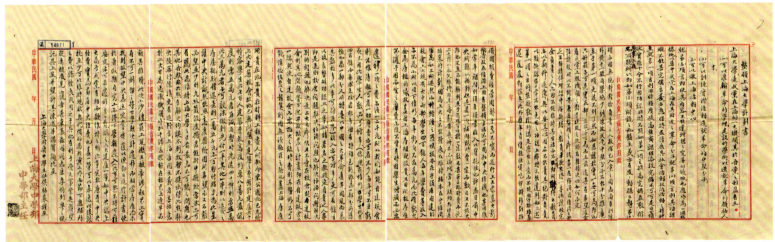

侯绍裘在呈国民党中央执行委员会的信件中详细撰写《整顿上海大学计划书》

俞平伯（1900—1990），中国作家，古典文学学者，红学家。原名铭衡，浙江德清人。1919年12月，毕业于北京大学。1923年8月，任上海大学中国文学系诗歌、小说等课程教授。1925年后，任教于燕京大学、北京大学、清华大学。新中国成立后，任北京大学教授、中国社会科学院文学研究所研究员。所著《红楼梦研究》为"新红学派"代表作之一。1990年在北京去世。

幼时的俞平伯与曾祖父俞樾合影

1921年12月31日，俞平伯（后排右）赴美国前与叶圣陶（后排左）、朱自清（前排右）、许昂若在杭州合影

关于俞平伯在上海大学上课的情况，中国文学系学生丁玲回忆，她的同班同学王剑虹最欣赏俞平伯在课堂上讲的宋词，"俞平伯先生每次上课，全神贯注于他的讲解，他摇头晃脑，手舞足蹈，口沫四溅，在深度的近视眼镜里，极有情致地左右环顾。他的确沉醉在那些'独倚望江楼，过尽千帆皆不是……'既深情又蕴蓄的词句之中，他的神情并不使人生厌，而是感染人的"。中国文学系学生施蛰存曾去俞平伯寓所当面讨教，那天适逢停电，他上街买了蜡烛，和他敬仰的老师俞平伯秉烛夜谈，"俞平伯老师讲过《诗经·卷耳》，指导我研究《诗经》的路子。于是我找到一部方玉润的《诗经原始》，通读之下，豁然开朗，才知道古典文学研究的历史进程"。

俞平伯著《红楼梦辨》书影（1923年初版）

俞平伯著《冬夜》书影（1922年）

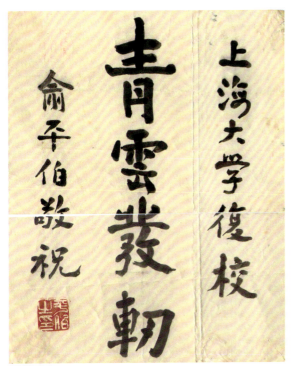

1983年，俞平伯为上海大学复校题词

施存统（1899—1970），中国爱国民主人士。改名复亮，浙江金华人。1917年，考入浙江省立第一师范学校。1920年，参加中国共产党发起组织；同年赴日本留学，创建旅日中国共产党早期组织。1921年回国，在中国社会主义青年团第一次全国代表大会上当选团中央书记，是中国社会主义青年团中央第一任书记。1923年秋，任上海大学社会学系社会思想史、社会问题、社会运动史等课程教授（上海书店出版的《社会科学讲义》收录其课程讲义）。1924年10月后，任上海大学社会学系主任。1926年下半年离开上海大学，任黄埔军校政治教官、武汉中央军事政治学校政治部主任。四一二反革命政变后脱党。1945年，参与筹建中国民主建国会，任常务理事。1949年，出席中国人民政治协商会议第一届全体会议，当选全国政协常委。新中国成立后，任劳动部副部长等。是第一至第三届全国人大常委会委员、第一届全国政协常委兼副秘书长、第二至第四届全国政协常委。1970年11月在北京病逝。

上海大学学生刘锡吾回忆："上大的系主任都是由中央决定的。如瞿秋白走后，中央决定施存统去担任系主任，但学生反对，反映到陈独秀那里，陈说：'这是中央决定的。'"

1926年在上海大学时，施存统与来自四川江津的社会学系学生钟复光相恋结婚，改名复亮。

1919年春，施存统在《浙江新潮》上发表《非孝》一文，引发轰动全国的"一师风潮"，校长经亨颐、教师陈望道对施存统表示支持，集体辞去职务。图为当年施存统就《非孝》一文致钱玄同的信

施存统编《社会思想史》内页（1924年）

1927年，施存统与钟复光在黄埔军校武汉分校合影

恽代英（1895—1931），中国无产阶级革命家，中国早期青年运动领导人。又名蘧轩，字子毅，江苏武进人。1918年武昌中华大学毕业后，任教于中华大学中学部、安徽宣城师范学校、川南联合师范学校。1921年，加入中国共产党。1923年起，任共青团中央宣传部部长兼《中国青年》主编；同年夏，任上海大学社会学系国内政治、国际问题和现代政治等课程教授。1926年5月，任黄埔军校政治主任教官。1927年1月，到武汉主持中央军事政治学校工作，任政治总教官；同年7月，赴九江任中共中央前敌委员会委员，参加组织南昌起义，起义后当选革命委员会主席团成员；同年12月，参加领导广州起义，任广州苏维埃政府秘书长。1928年6月，任中共中央宣传部秘书长。1929年，任中共中央组织部秘书长。是中共第五届中央委员、第六届中央候补委员。1930年5月在上海被捕，1931年4月在南京就义。主要著作编为《恽代英文集》等。

1923年6月19日，恽代英在给弟媳葛季膺的信中说："据友人来函，上海大学任教多一时畏友，苟稍经营，可为一般改造同志驻足讲学储能之处，故颇重视之也。"上海大学中国文学系学生戴邦定回忆，恽代英"在学生中威信极高，他讲话生动，富有鼓动性。每当他讲课时，不只社会学系学生听课，就是我们中文系学生也是争先去听讲授，总坐满了教室，总有人不得不在教室门上听讲"。学生刘披云回忆："我们在学生时代干革命，是受恽代英领导，这个人真是了不起，口才好，讲帝国主义侵略中国，签订一系列不平等条约，声泪俱下，给人以深刻的教育。"

1924年3月，中国社会主义青年团第二届中央扩大会议部分与会者合影（后排右二为恽代英，前排右一为邓中夏）

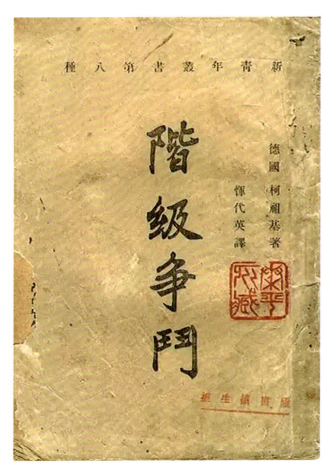

恽代英编《中国国民党与劳动运动》书影（1926年）　　　　恽代英译著《阶级争斗》书影

1936年，毛泽东在延安与美国记者埃德加·斯诺谈话时回忆："有三本书特别深地铭刻在我的心中，建立起我对马克思主义的信仰。"（《红星照耀中国》，新华出版社1984年版，第135—136页）恽代英翻译的《阶级争斗》就是其中之一。

洪野（1886—1932），又名禹仇，安徽歙县人。1922年2月任东南高等专科师范学校美术科主任，后转入上海大学任美术科主任，教授西洋画、色彩学、国画、素描等课程。1923年8月8日，当选上海大学最高决策机构评议会评议员。1927年5月，上海大学被国民党当局武力封闭后离校到上海其他艺术学校任教，后到松江县立中学任美术教师。为潘玉良启蒙老师。1932年在松江病逝。

洪野油画作品

洪野国画作品

一 教 师 篇

姚伯谦（1882—1948），字轩卿、志千，号选青、行一，浙江省诸暨人。宣统己酉科（1909年）拔贡生。曾在浙江省立绍兴中学、温州中学、严州中学、春晖中学、杭州高级中学、浙大附中、绍兴越光中学、宁波三一中学、复旦大学等校任教，曾任诸暨县立中学校长。1926年4月前后，任上海大学中国文学系教授。

姚伯谦著《鱻膏随笔》手迹与书影

顾均正（1902—1980），浙江嘉兴人。中学毕业后任小学教员，坚持自学英语。1923年，任商务印书馆编译所编辑。1925年6月，任《公理日报》编辑。1926年，任上海大学中国文学系世界儿童文学等课程教授。1928年，到开明书店工作，任《中学生》杂志主编。1934年起，创作大量科普作品，并翻译大量外国科学文艺读物。新中国成立后，任中国青年出版社副社长兼副总编辑、北京市第五届政协副主席。1980年12月在北京病逝。

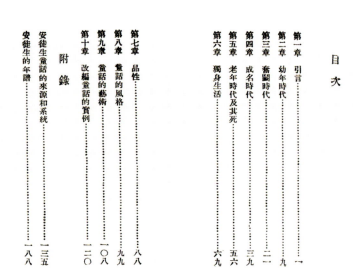

1919年顾均正所著《安徒生传》是我国最早出版的一本安徒生传记。图为该书目录

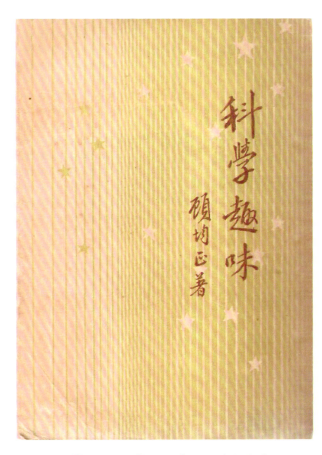

顾均正著《科学趣味》书影（1936年初版）

一　教师篇

钱病鹤（1879—1944），本名鑫，又名云鹤，字味辛，江苏湖州人。1924年4月前，任上海大学美术科国画等课程教授。后到上海美术专科学校任教。有《病鹤画丛》《病鹤新画》行世。

钱病鹤（左一）与黄宾虹、王云僧、陶冷月游虞山公园

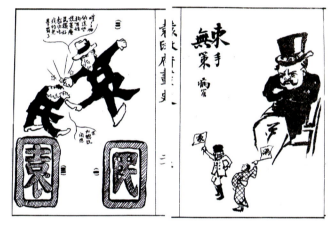

1913年，为揭露袁政府累累罪状、表达革命诉求，钱病鹤编著讽刺漫画《袁政府画史》

高觉敷（1896—1993），中国心理学家。又名卓，浙江温州人。1916年，考入北京高等师范学校英文部。1918年被选送香港大学教育系学习，1923年获文学士学位。1926年4月前后，任上海大学英国文学系、中国文学系教授。后任四川大学、中山大学、复旦大学、金陵大学教授。新中国成立后，任南京师范学院教授、副院长。1993年2月在南京病逝。

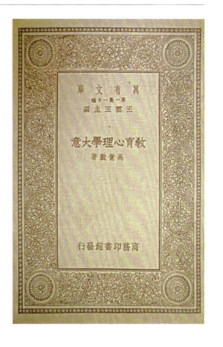

高觉敷著《教育心理学大意》书影（1929年）

高冠吾（1892—1953），上海崇明人。毕业于保定军官学校。1923年8月，任上海大学中国文学系文字学等课程教授。1924年，任孙中山大本营咨议、广州江防司令部参谋长兼代司令。后任国民革命军第10军副军长，参加北伐。1938年3月，投敌参加伪中华民国维新政府。1940年3月，投靠汪伪国民政府。1953年在济南病逝。

1923年11月10日，《申报》刊登高冠吾赴群贤女校演讲的消息

一 教师篇

高语罕（1888—1948），原名超，又名张其柯，安徽寿县人。早年赴日本早稻田大学留学，1907年毕业回国，到安庆从事秘密反清活动。辛亥革命后，任安徽青年军秘书长。1920年冬，加入中国社会主义青年团。1921年，出版《白话书信》，宣传社会主义思想；同年10月，加入中国共产党。1922年8月，赴德国哥廷根大学留学，加入中共旅德支部。1925年春回国；同年9月，任上海大学社会学系政治学、西方革命史等课程教授；同年12月，任黄埔军校政治教官。1929年11月，因参加托派组织被开除党籍。1947年在南京病逝。

关于高语罕在上海大学上课的情况，据学生回忆："既无课本，亦无讲义，往往旁征博引，无所不谈，学生以其渊博动听。亦时常满堂。"高语罕自己回忆："在上海大学的时候，于（右任）先生在同兴楼请过我吃饭，在座的有一位是叶楚伧先生，那时我刚回国不久，在上大担任政治学的讲演，并在上大高中任课。"

1926年《向导》周报第158期刊登高语罕致蒋介石的公开信

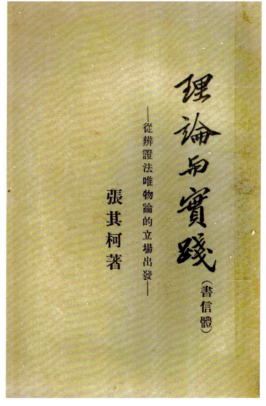

高语罕著《理论与实践——从辩证法唯物论的立场出发》书影（1930年）

郭任远（1898—1970），中国心理学家。广东潮阳人。1916年，考入复旦大学。1918年赴美国加利福尼亚伯克利大学学习心理学专业，1921年毕业。1923年，在美国加州大学完成博士学业回国，任复旦大学心理学教授、副校长，创办心理学系。1923年秋，任上海大学选科教授，讲授心理学课程。1933年，任浙江大学校长。1946年定居香港。1970年在香港病逝。

郭任远著《心理学ABC》书影（1929年）

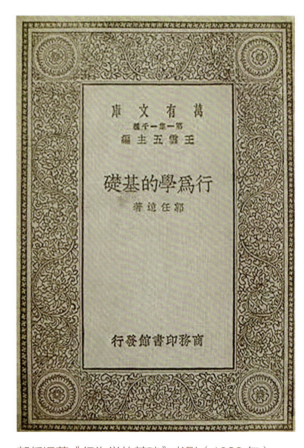

郭任远著《行为学的基础》书影（1929年）

一 教 师 篇

郭沫若（1892—1978），中国作家、诗人、历史学家、考古学家、古文字学家、社会活动家。原名开贞，笔名鼎堂等，四川乐山人。1914年初赴日本学医，后从事文艺运动。1918年开始新诗创作，1921年组织文学团体"创造社"，接受马克思主义思想并倡导革命文学。1925年5月2日，在上海大学作题为"文艺之社会的使命"演讲，同期任上海大学社会学系社会学、政治史等课程教授。1926年参加北伐，任国民革命军总政治部副主任。1927年，参加南昌起义；同年8月，加入中国共产党。1928年，旅居日本，从事中国古代史和甲骨文、金文研究。1930年，加入中国左翼作家联盟。抗日战争全面爆发后回国，任国民政府军事委员会政治部第三厅厅长，从事抗日救亡运动。1949年北平解放后，当选全国文联主席。新中国成立后，任政务院副总理兼文化教育委员会主任、中国科学院院长兼哲学社会科学部主任，为全国人大副委员长、全国政协副主席、中共第九至第十一届中央委员。1978年6月在北京病逝。有《郭沫若全集》行世。

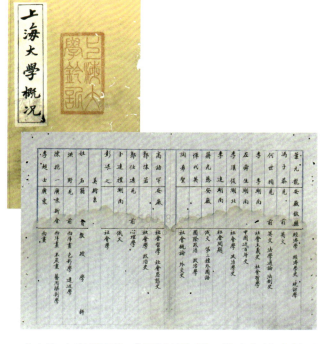

《上海大学概况》"历任教职员一览表"社会学系一栏中，记载郭沫若教授社会学、政治史课程

郭沫若著《女神》书影（1928年）

郭沫若译著《雪莱诗选》书影（1928年）

唐鸣时（1901—1982），浙江嘉善人。1923年，毕业于杭州之江大学外文系，任上海商务印刷馆书报英文部编译。同期，任上海大学外语教授。1929年，任上海罗家衡法律事务所律师。1926年，通过法官考试并参加上海律师公会。1927年5月，上海大学被查封后，与陈望道等一起处理善后事宜；同年，参加上海济难会工作。抗日战争全面爆发后，转入新闻界，在《导报》《申报》任职。抗日战争胜利后，长期在上海市工务局任主任秘书。新中国成立后，在华东军政委员会司法部工作。1955年，任全国人大常委会编译室组长。

唐鸣时任律师期间，多次营救被捕的共产党员和进步人士。胡山源在《付与农家作化肥——悼唐鸣时》一文中说："某次，上海公共租界工部局会审公堂，在国民党反动政府指使下，捕获了一女共产党员，就审时，无人为之辩护，公堂即按惯例，指定鸣时为义务律师，为之辩护，鸣时早已加入宋庆龄、杨杏佛诸位先生所发起的人权保障委员会，原有伸张正义、为人民服务之心，故其辩护时，竭其心力，周到之至，无奈公堂与反动派一鼻孔出气，辩护终告无效。"胡山源所说的"一女共产党员"即刘少奇前妻何葆珍烈士。（陈江：《唐鸣时和钱江春的事略》，《鲁迅研究动态》1984年第5期）

唐鸣时著《法权恢复运动》书影（1928年）

陶希圣（1899—1988），原名汇曾，湖北黄冈人。毕业于北京大学法律系。1923年，任上海商务印书馆编译所编辑。五卅运动期间，任上海学生联合会法律顾问并主编《独立评论》周刊。1925年8月，任上海大学社会学系教授。1929年后，任教于复旦大学、中央大学、北京大学、北京师范大学等。抗日战争全面爆发后，赴南京任国防参议会议员。1939年，在上海出席汪伪国民党六大，一度参与汪精卫"和平运动"。1940年，脱离汪伪集团，在香港揭露《日汪密约》内容。1942年初，回重庆任蒋介石侍从室第五组组长。后任国民党中央宣传部副部长、《中央日报》总主笔、《中央日报》社董事长等。1988年6月在台北去世。

陶希圣在台湾发表的一篇回忆性文章中说："于右任先生在上海创办上海大学。由于编译所同仁的推介，我担任了一门'法学通论'功课。那是民国十四年秋季始业的学年。我到闸北的一个房子里，登楼上课。学校的设备是简陋，但洋溢着革命精神和气氛。""上海大学可以说是中国国民党的革命前哨。上海大学学生秘密转往广州，致力党务，尤其投身黄埔军校者，络绎于途。"

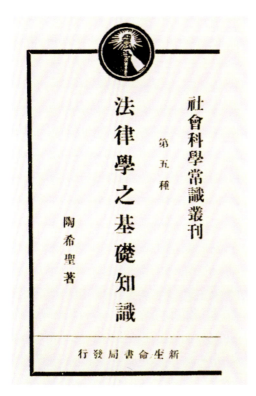 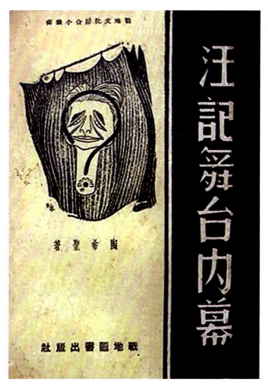

陶希圣著《法律学之基础知识》书影（1929年）　　陶希圣著《汪记舞台内幕》书影（1939年）

萧朴生（1897—1926），原名树域，字朴儒，四川德阳人。1919年秋，考入成都留法勤工俭学预备学校。1920年冬，赴法国勤工俭学，改名朴生。1922年6月，与赵世炎、周恩来、王若飞、李维汉等组建旅欧中国少年共产党；同年转为中国共产党党员，并与汪泽楷一起介绍邓小平加入中国社会主义青年团。1925年初，当选中共旅欧支部执行委员会书记；同年8月回国，任上海大学社会学系哲学等课程教授。1926年4月，任中华全国济难会党团书记；同年10月在上海病逝。

上海大学学生薛尚实回忆："上课时，同学们最爱听萧朴生先生讲的哲学课。他上第一课就给我印象深刻。上课之前，他已经和同学们有说有笑地谈了一阵子，一打铃，他首先在黑板上写了（1）阶级与非阶级、（2）唯物与唯心、（3）功利与非功利这三个题目。题目提得新鲜，字也写得劲秀。一开讲，每个同学都很认真地做笔记。他讲完一个题目，即归纳成几个重点再重复讲一遍，并问同学们懂不懂，请同学们提问题。记得有一位女同学先发问，接着又有几个同学提问题，他就从容不迫地一一解答。像他这样的教学方法，我还是第一次遇到，感到十分新鲜。而他的这种认真负责的精神，又使我深为敬佩。想起在别的大学上课时，教授们点名、讲课，讲完后，皮包一夹就跑的情况，完全不同。""萧先生讲课的内容十分丰富而又通俗易记。讲完三个题目后，又复述今天讲授内容的基本精神，最后指出还要看哪些参考书，并要我们在下次上课前把要讲的问题先提出来。从此，我才知道他讲的内容所以能如此生动、中肯，是由于他能针对着同学们所提问题两相结合起来的缘故。"

毛毛著《我的父亲邓小平》中记录了邓小平对萧朴生作为入团介绍人的回忆

1923年2月,中国少年共产党旅欧支部在巴黎波罗涅森林大会留影(后排右四为萧朴生)

　　德阳市收藏界发现一本孙中山所著《民族主义》,封面右侧题字:"朴生由法寄赠 福安吾兄存览 五.八.一九二四。"扉页有萧朴生手书赠言:"孙氏为二十世纪世界伟大人物之一,其才智与魄力与华盛顿相伯仲。华氏血战七年,卒定全美国基。孙氏僇力革命垂四十年,而成绩犹虚者,则中美社会经济进化迟速不同为之也。孙氏之文章虽不甚雅醇,然其对于近世国际情势之了解,则中国今日之政治家尚无有出其右者。惜乎!孙氏之名能及于妇孺,而孙氏之学说尚未贯于国人。其所以坐困西南而不能越大江一步者,则无民众以为之后盾也。吾既爱孙氏,吾尤希望今之小学老师有福泽俞吉、菲希特其人者,以孙氏之学说贯输儿童。吾之所以赠此书与福安,有以也夫。"

萧楚女（1893—1927），原名树烈，学名楚汝，字秋，湖北武汉人。早年参加武昌起义、五四运动。1920年，参加利群书社，后与恽代英等发起组织共存社。1922年，加入中国共产党。不久去四川办学任教并任《新蜀报》主笔。1924年，任中共中央驻四川特派员，领导重庆社会主义青年团工作和四川的革命斗争，其间曾两次到上海大学发表演讲。1925年5月，任上海大学教授，同时继续从事党的理论宣传工作，与恽代英等主编《中国青年》，支持五卅运动并撰文同戴季陶主义和国家主义派作斗争。1926年，赴广州协助毛泽东编辑《政治周报》。曾任广州农民运动讲习所专职教员、黄埔军校政治教官。在四一五广州大屠杀中就义。

上海大学学生杨之华回忆："恽代英同志和萧楚女同志是出色的宣传鼓动家，分析问题一针见血，讲起话来诙谐幽默，常常引起同学们的哄堂大笑。"

萧楚女（中排左二）与共青团重庆地委部分同志合影

萧楚女著《国际主义与民族问题讲义大纲》书影

梅电龙（1900—1975），又名龚彬，湖北黄梅人。1924年，加入中国社会主义青年团。曾任上海学生联合会副会长。1925年，加入中国共产党。五卅运动期间，为上海学生运动负责人。1926年1月，任国民党上海市党部执行委员、中共党团书记；同年3月，任上海大学中学部政治经济课程教员。1926年底，参加北伐，任第40军第12师政治部主任。后任暨南大学、中山大学、香港达德学院教授。新中国成立后，为第二和第三届全国政协委员、副秘书长，中央财经委员会委员，第二和第三届全国人大常委会委员，民革中央常委、秘书长。

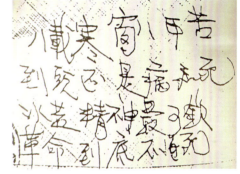

1975年5月，梅电龙在江西省宜春县医院给夫人的留言

1949年9月，梅电龙（右二）在全国政协第一届全体会议选举时投票

1953年，梅电龙与夫人合影

曹聚仁（1900—1972），中国记者、作家。字挺岫，浙江兰溪人。毕业于浙江省立第一师范学校。1922年到上海，创办沧笙公学，后任教于爱国女中、暨南大学、复旦大学等。1925年3月，任上海大学中学部教员。九一八事变后，任上海抗日救亡协会理事。抗日战争全面爆发后，任战地记者，曾报道淞沪抗战、台儿庄大捷。1950年赴香港，任新加坡《南洋商报》驻港特派记者。50年代后期，主办《循环日报》《正午报》等报纸。1972年在澳门病逝。著作有《中国学术思想史随笔》《万里行记》《现代中国通鉴》等。

曹聚仁（右）与邵力子在北京合影

1937年，曹聚仁初上战场采访前

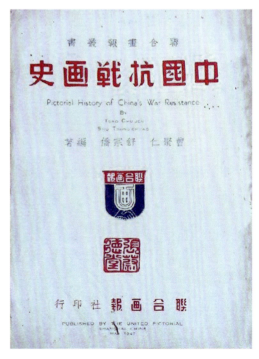

曹聚仁著《中国抗战画史》书影（1947年）

章乃羹（1885—1959），字梅先，浙江富阳人。1924年，参加商务印书馆《辞海续编》《中国人名大辞典》编纂工作。1926年4月前后，任上海大学中国文学系教授。后任蓝田师范学院、浙江大学龙泉分校教授。新中国成立后，任浙江文史馆馆员。

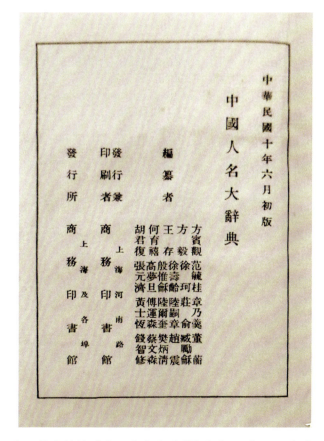

章乃羹参编的《中国人名大辞典》版权页（1927年）

章乃羹参编的《辞源》书影（1931年）

彭述之（1894—1983），湖南邵阳人。1919年，就读于北京大学并参加五四运动。1920年秋，加入中国社会主义青年团。1921年8月，赴莫斯科学习；同年冬，加入中国共产党，是中共莫斯科支部负责人之一。1924年8月回国后主编《向导》周报和《新青年》，同期任上海大学社会学系社会进化史、经济学课程教授。在中国共产党第四次全国代表大会上当选中央执行委员会委员、中央局委员，中国共产党第五次全国代表大会上当选中央委员。四一二反革命政变后，同陈独秀等人结成"中国共产党左派反对派"，进行反党活动，被开除党籍。1948年去香港，后去巴黎，1973年移居美国。1983年11月在法国巴黎病逝。

上海大学学生周启新回忆，彭述之"采摘《新青年》等杂志论文，宣扬唯物论及唯物史观，嘱同学提出问题，随时讲解"。给学生留下深刻印象的是，彭述之对陈独秀极其敬仰，"上课时每谈及陈独秀，必称仲甫先生"。

1924年8月21日，《民国日报》刊登彭述之被聘为上海大学社会学系教授的消息

1933年，国民党当局以"危害民国罪"起诉陈独秀与彭述之（左），图为两人在江宁地方法院候审室门前留影

一 教师篇

董亦湘（1896—1939），字椿寿，又名衡，谱名彦标，江苏常州人。自幼进私塾。19岁时在当地任塾师。1918年到上海，任商务印书馆助理编辑，工作之余大量阅读进步革命书刊，自学英语、俄语。1922年，由沈雁冰介绍正式加入中国共产党。1923年7月，任中共上海地方兼区委第二组即商务印书馆组组长；同年9月27日，任中共商务印书馆支部书记。同一时期，先后介绍陈云、张闻天、孙冶方等加入中国共产党。1924年7月后，任上海大学社会学系社会发展史等课程教授。1925年10月，赴莫斯科中山大学学习，其间受王明的打击和迫害。1933年，调至苏联远东哈巴罗夫斯克工作。1937年苏联清党，被捕入狱。1939年5月在狱中病逝。1959年1月，苏联中央军事检察院和远东军事法庭发出通知和证明，对其作出"以无罪结案""恢复声誉"的结论。1984年5月，中共中央组织部发出通知，为其平反昭雪，恢复名誉。1987年3月，经国家民政部批准，被认定为革命烈士。

董亦湘（后排右二）等欢送商务印书馆部分同仁赴法国勤工俭学时合影

董亦湘（右五）参加中国国民党江苏省党部成立大会时合影

董亦湘烈士证书

1987年，陈云为董亦湘纪念碑题词

蒋光慈（1901—1931），中国作家。原名如恒，又名侠僧、侠生、光赤，安徽六安人。1920年秋，在上海外国语学社学习俄语；同年冬，加入中国社会主义青年团。1921年5月，赴莫斯科东方大学学习；同年，在共产国际召开的远东各国共产党及民族革命团体第一次代表大会上任俄语翻译；同年，加入中国共产党。1924年夏回国，任上海大学社会学系世界史、俄文课程教授。1925年2月，参加创造社。1926年，创作出版《少年飘泊者》。1927年11月，创作出版反映上海工人武装起义的中篇小说《短裤党》，为中国无产阶级革命文学最初的成果之一。1928年1月，参与创立由中国共产党领导和组织的第一个革命文学团体太阳社。1931年8月在上海病逝。

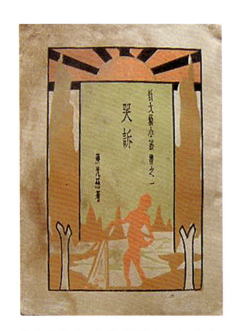

蒋光慈著《哭诉》书影（1928年）

蒋光慈著《异邦与故国》书影（1930年）

蒋光慈（右一）与俄国诗人皮涅克等合影

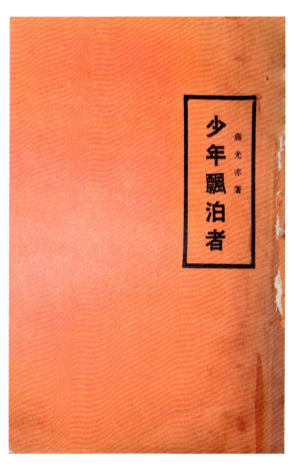

蒋光慈著《少年漂泊者》书影

作为无产阶级革命文学的拓荒者,蒋光慈的作品在当时产生很大的社会影响和教育作用。学生时代的胡耀邦读了蒋光慈写的《少年飘泊者》,便想"书里的人晓得飘泊,我为什么不可以革命!"便毅然离家走上革命道路(人民出版社《胡耀邦传》)。陶铸则说:"我就是怀揣着《少年飘泊者》去参加革命队伍的。"(中共党史出版社《陶铸传》)2016年4月24日,习近平总书记视察安徽金寨革命博物馆,当馆员介绍胡耀邦、陶铸等老一辈无产阶级革命家都读过蒋光慈的《少年飘泊者》时,习近平说当年自己的父亲也是受《少年飘泊者》的影响走上革命道路的。习仲勋在阅读《少年漂泊者》时,"完全同书中主人公的命运融在了一起,几乎是同喜、同怒、同悲、同乐。他觉得这正是自己真情实感的反映。眼前只有反抗,只有斗争才是正确的道路。他反复读完这部小说,坚定了他外出干革命的决心"。"后来,习仲勋曾多次对自己的孩子说过,当时认识到社会这么黑暗,旧的剥削制度要推翻,主要就是受《少年飘泊者》影响极深。"(中央文献出版社《习仲勋传》)

韩觉民（生卒年不详），湖北黄安人。毕业于北京大学，为北京大学北大援助唐山学生干事会干事、学生联合会五四纪念会大会主席。1923年秋，任上海大学中学部代数、几何、算数等学科教员。1925年2月，任上海大学总务主任；同年10月，任济难会全国总会临时执委会主任。1927年，任北伐军总政治部秘书。1935—1936年，任上海浦东中学校长。

1926年4月，上海大学行政委员会就呈请补助建筑费两万元事致国民党中央执行委员会函，推定韩觉民为代表赴粤支领补助款。5月6日，韩觉民趋谒蒋介石、谭延闿、宋子文。5月7日，谭延闿日记中记录韩觉民为此来访一事。

1924年8月，《民国日报》副刊《觉悟》连载韩觉民《科学方法论》演讲稿

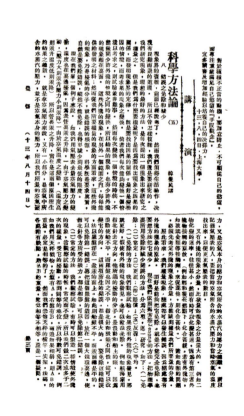

谭延闿日记

一 教　师　篇

傅东华（1893—1971），又名则黄，浙江金华人。1912年，上海南洋公学毕业后任中华书局任编译员，后到北京师范大学任教。1924年春，任上海大学中国文学系诗歌原理课程教授。1929年后，任复旦大学中文系教授。1937年，参与斯诺《红星照耀中国》（又名《西行漫记》）的翻译出版工作。1943年后，在上海从事翻译及语言文字研究。新中国成立后，任中华书局《辞海》编辑所编审。

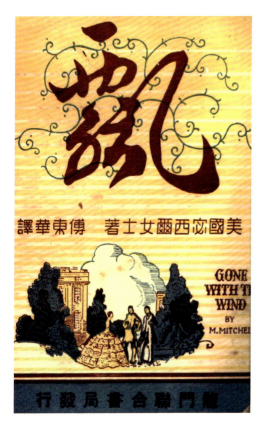

傅东华手迹　　傅东华翻译的美国长篇小说《飘》被视为经典译作

傅彦长（1892—1961），原名硕家，江苏武进人。毕业于上海南洋公学。先后留学日本、美国，回国后任私立上海专科师范学校乐理教员、江苏第三中学英文教师。后到上海大学美术科任乐学等课程教授。曾任《音乐界》杂志主编，参与发起"民族主义文学"社团，编辑杂志《前锋月刊》。

傅彦长著《东洋史ABC》《西洋史ABC》书影

曾伯兴（1886—1942），名杰，湖南新化人。曾就读于湖南高等学堂。1912年，赴德国柏林大学留学。1916年回国，与谭人凤等组织湖南革命党，参与组织中部同盟会，任北平民国大学教授，后任南京国民政府立法委员，负责湖南党务。1923年前后，任上海大学中国文学系英文等课程教授。1942年，因反对蒋介石从长沙撤退，在长沙被暗杀。

曾伯兴著《大道建国与实力御侮》（胡汉民题写书名）、《乙戌集》（于右任题写书名）

一　教　师　篇

谢六逸（1898—1945），号光燊，贵州贵阳人。1917年，以官费生赴日本早稻田大学留学。1921年，在日本加入由郑振铎、沈雁冰等发起的文学研究会，投身新文学运动。1922年毕业回国后到商务印书馆工作。1926年4月前后，任上海大学中国文学系教授。1930年，任复旦大学中文系主任，后又创设新闻系并任系主任，为中国新闻教育事业的开拓者之一。1937年底，先后任大夏大学教授兼文学院院长、文史研究室和社会研究部主任，贵州大学、贵阳师范学院教授。1945年8月在贵阳病逝。有《谢六逸选集》《谢六逸集》行世。

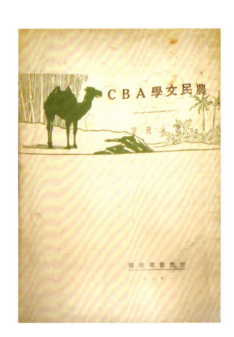

谢六逸著《农民文学ABC》书影（1928年）

谢六逸著《日本文学》书影（1930年）

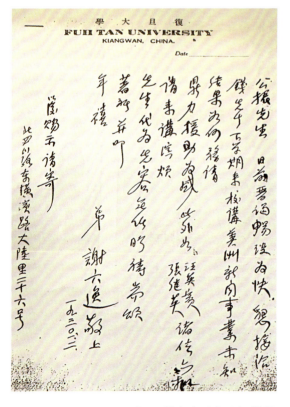

1930年，谢六逸致戈公振的信

蔡和森（1895—1931），中国无产阶级革命家，中国共产党早期领导人。又名仙，字润寰，号泽膺，湖南双峰人。1913年秋，就读于湖南省立第一师范学校。1915年夏，转入湖南高等师范学校，其间与毛泽东一起组织进步团体新民学会，创办《湘江评论》，参加五四运动。1919年12月，赴法国勤工俭学。1921年，与周恩来、赵世炎等筹组中国共产党旅欧早期组织，是法国支部的创始人之一；同年回国，12月加入中国共产党。1922年起，任中共中央机关报《向导》周报主编，撰写大量论著，宣传党的路线、方针和政策。1923年秋，任上海大学社会学系社会进化史课程教授（1924年8月，其所编讲义《社会进化史》由民智书局列入"上海大学丛书"出版）。1925年，参加领导五卅运动；同年，赴苏联出席共产国际第五届执委会第六次扩大会议，会后任中共驻共产国际代表。1927年回国，任中共中央秘书长。八七会议后，任中共中央北方局委员、宣传部部长，中共中央宣传部部长。是中共第二届中央执行委员会委员，第三、第四届中央局委员，第五、第六届中央政治局常委。1928年底，作为中共驻共产国际代表团成员派驻莫斯科。1931年回国后，任中共两广省委书记；同年6月在香港被捕，8月在广州就义。

上海大学社会学系学生胡允恭回忆，蔡和森讲授的社会进化史，实际上是社会发展史，"例如，他严肃认真地阐述了恩格斯的名著《劳动在从猿到人的转变过程中的作用》，并且多次引证《家庭私有制和国家的起源》（上述两书当时还没有中译本）中的有关章节，把社会进化史讲得生动活泼，深入浅出，全系同学都表示欢迎，倾注全力听讲。开始只是社会科学系的学生，稍后，其他系的学生也来旁听。不但教室人满，连窗子外面都挤满了旁听学生"。

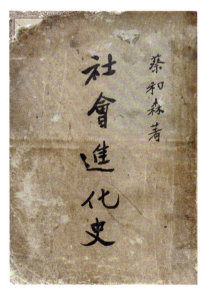

蔡和森著《社会进化史》书影（1927年）

在法国学习时的蔡和森、向警予

一 教　师　篇

蔡慕晖（1901—1964），名希真，号葵，浙江东阳人。1926年，毕业于南京金陵女子大学。1927年，任上海大学教授。1930年，与陈望道结婚。新中国成立前，曾多次出席世界女青年协会代表大会，当选世界基督教女青年协会理事。新中国成立后，任上海震旦大学外语系代理系主任，复旦大学外语系教授、工会副主席，为上海市政协委员、上海市妇联执行委员、全国文联代表、中国民主同盟上海市委委员。

陈望道、蔡慕晖夫妇合影

蔡慕晖著《独幕剧ABC》书影（1928年）

蔡慕晖译著《艺术的起源》书影（1937年）

1937年，蔡慕晖（右四）与女青年会全国协同会同仁合影

滕固（1901—1941），中国美术史家、作家。原名成，字若渠，上海宝山人。早年毕业于上海美术专科学校，后赴日本留学，获硕士学位。1924年8月，任上海大学中国文学系诗歌概论课程教授。1929年，赴德国柏林大学留学，获美术史学博士学位。回国后任重庆中央大学教授、昆明国立艺术专科学校校长。1941年在重庆自杀身亡。

滕固著《中国美术小史》书影（1929年）

滕固著《唐宋绘画史》书影（1933年）

20世纪30年代，滕固（后排左一）与上海艺术家姜丹书、王济远、朱屺瞻等合影

潘公展（1894—1975），原名有猷，字干卿，浙江湖州人。毕业于上海圣约翰大学。参加五四运动，任全国学生联合会会报主编。1926年前后，任上海大学教授。1927年4月后，任上海市农工商局局长、社会局局长、教育局局长。抗日战争期间，任国民党中央宣传部副部长、新闻检查处处长、中央图书杂志审查委员会主任委员等。抗日战争胜利后，任《申报》董事长兼社长、上海文化运动委员会主任委员、上海市第一届参议会议长等。1949年到香港，1950年赴美定居，1975年6月在美国纽约病逝。

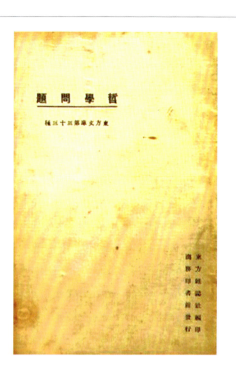

潘公展著《哲学问题》书影（1922年）

潘念之（1902—1988），中国法学家。又名枫涂、湘澄，浙江新昌人。1919年，先后在浙江省立第四师范学校、上海江苏第二师范学校学习。1924年，加入中国社会主义青年团。1925年，加入中国共产党。五卅惨案后，任共青团上海闸北部委委员；同期任上海大学中学部教员。后任共青团宁波地委书记、中共宁波特别支部委员。1926年3月，任国民党浙江省党部常委兼组织部部长、国民党浙江省党部党团书记。四一二反革命政变后，流亡日本，后回国从事抗战救亡和统一战线等工作。新中国成立后，任华东军政委员会参事室副主任，华东政法学院副院长，上海社会科学院顾问，为上海市人大常委会委员、政法委员会副主任，上海市法学会和政治学会名誉会长，中国法学会顾问。1988年在上海病逝。

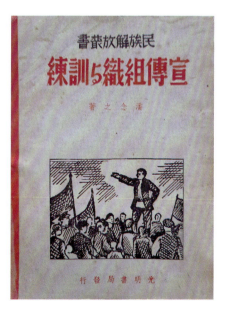

潘念之著《宣传组织与训练》书影（1938年）

瞿秋白（1899—1935），中国无产阶级革命家、理论家、宣传家，中国共产党早期领导人。又名霜，江苏常州人。1917年，就读于北京俄文专修馆。五四运动期间，参加领导北京学生爱国运动。1920年，以《晨报》记者身份采访苏俄，写了大量通讯，为向国内介绍俄国十月革命后真实情况的第一人。1922年，加入中国共产党。曾出席远东各国共产党及民族革命团体第一次代表大会和共产国际第三、第四次代表大会。1923年回国，在上海负责《新青年》《前锋》《向导》等刊物的编辑工作；同年7月，任上海大学教务长兼社会学系主任、教授；同年8月8日，当选上海大学最高决策机构评议会评议员。1925年1月，在中国共产党第四次全国代表大会上当选中央执行委员会委员、中央局委员。1927年5月，在中国共产党第五次全国代表大会第一次全体会议上当选中共中央政治局委员，后任中央政治局常委。主持召开八七会议，任中共中央临时政治局常委、主席。1928年，赴莫斯科参加中国共产党第六次全国代表大会、共产国际第六次代表大会，当选中共中央政治局委员、中共驻共产国际代表团团长和共产国际执行委员会委员、主席团委员。1931年1月，在中国共产党第六次全国代表大会第四次全体会议上遭共产国际代表米夫及其支持的王明等人打击，被解除中央领导职务。后在上海同鲁迅一起领导左翼文化运动。1934年，进入中央革命根据地，任中华苏维埃共和国中央执行委员会委员、教育人民委员。中央红军主力长征后，留在南方，任中共苏区中央分局宣传部部长兼中央办事处教育部部长。1935年2月突围转移途中在福建长汀被俘，6月18日在长汀就义。遗著编有《瞿秋白文集》《瞿秋白选集》。

上海大学学生胡允恭回忆，瞿秋白在讲《共产党宣言》时，"要求每个学生都能熟背。当时《共产党宣言》是由陈望道根据日文本意译的，尽管与原文有些出入，但译文文字流利、华美，青年人极易读熟，正因为当时要求甚严，所以我至今尚能记忆当中某些词句"。

上海大学学生孔另境回忆："突然一个瘦长白皙的人形出现在前面的讲台上，谁也不注意他是什么时候进入这个讲室，这反乎常例的出现，顷刻镇压了喧嚷的人声，站在讲台上的人仿佛迟疑了一下，又似故意等待了一下，才用极低的声压吐出了一句话：'我是瞿秋白。'"

在上海大学教师沈雁冰眼里，瞿秋白"不只具有文人的气质，而且，主要是政治家"。1924年的冬天，沈雁冰又和瞿秋白、杨之华夫妇成为邻居，彼此来往就更频繁了。当时，沈雁冰在商务印书馆担任党支部书记，支部会议常在自己家里召开，瞿秋白代表党中央常来出席会议，他还和沈雁冰谈论政局和党内的问题。沈雁冰和瞿秋白之间的交往和结下的友情，不只是上海大学的同事，更是政治上志同道合的同志、肝胆相照的挚友。

一 教 师 篇

1923年8月2日、3日，《民国日报》副刊《觉悟》刊登瞿秋白《现代中国所当有的上海大学》

1924年底，瞿秋白和杨之华在上海

在上海大学学生丁玲眼中，"最好的教员却是瞿秋白。他几乎每天下课后都来我们这里。于是，我们的小亭子间热闹了。他谈话的面很宽，他讲希腊、罗马，讲文艺复兴，也讲唐宋元明。他不但讲死人，而且也讲活人。他不是对小孩讲故事，对学生讲书，而是把我们当作同游者，一同游历上下古今，东南西北。我常怀疑他为什么不在文学系教书而在社会科学系教书"。瞿秋白为了帮助丁玲、王剑虹等懂得普希金语言的美丽，还教她们读俄文的普希金诗。丁玲回忆："我那时对这些人、事、文章以及文学研究会和创造社的争论，是没有发言权的。我只是一个小学生，非常有趣地听着。这是我对于文学上的什么浪漫主义、自然主义、写实主义以及为人生、为艺术等等所上的第一课。那时秋白同志的议论广泛，我还不能掌握住他的意见的要点，只觉得他的不凡，他的高超，他似乎是站在各种意见之上的。"有一次，丁玲向瞿秋白请教，将来自己学什么好、干什么好，现在应该怎么搞。瞿秋白希望她走文学的路，能在文学上有所成就。当时瞿秋白毫不思考地用诗一样的语言对丁玲说："你么，按你喜欢的去学，去干，飞吧，飞得越高越好，越远越好，你是一个需要展翅高飞的鸟儿。"瞿秋白的这番话，给了丁玲无穷的信心和很大的力量。

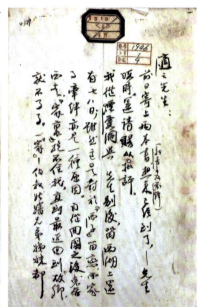

在给胡适的信中,瞿秋白写道:"既就了上大的事,便要用些精神,负些责任。我有一点意见,已经做了一篇文章,寄给平伯,平伯见先生时,想必要说起的。我们和平伯都希望上大能成南方的新文化运动中心。"

一　教师篇

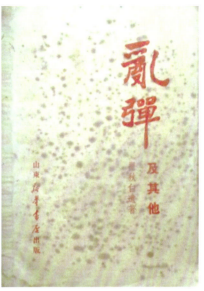

《逸经》1937年3月5日至4月5日分三期连载瞿秋白遗著《多余的话》，后由山东新华书店以《乱弹及其他》为书名出版

瞿秋白著《社会科学概论》书影

瞿秋白著《赤都心史》书影

瞿秋白著《饿乡纪程》书影

戴季陶（1891—1949），初名良弼，后名传贤，浙江湖州人。早年留学日本，加入中国同盟会。辛亥革命后追随孙中山，参加二次革命和护法战争。1920年夏，曾参加筹建上海共产主义小组，后退出。1924年3月14日，在上海大学作题为"东方问题与世界问题"的演讲。1924年8月，任上海大学经济学系教授。后任黄埔军校政治部主任、国立中山大学校长、国民党中央宣传部部长、国民政府考试院院长等。1949年2月在广州自杀身亡。

1924年8月20日，《民国日报》刊登上海大学聘请戴季陶为教授的消息

国民政府委员会会议合影（前排左起：一为褚民谊，三为孙科，四为蔡元培，五为胡汉民，六为谭延闿，七为戴季陶，八为王正廷）

二

学生篇

马文彦（1902—1983），化名曹骏天，陕西三原人。先后就读于三原县小学、渭北中学。1923年，进入上海大学中国文学系学习，在校期间加入中国共产党，曾参与由上海大学陕西同乡会主办的进步刊物《新群》的筹建工作。1925年初，根据党组织安排，到河南郑州从事工人运动。1926年5月，经李大钊推荐，陪同于右任赴苏联与冯玉祥取得联系并任俄文翻译。1927年1月，任国民军联军驻陕总司令部秘书。1933年7月，因叛徒出卖，陕西党组织受到破坏，避居上海，与党组织失去联系。1936年，作为杨虎城参议参加西安事变。抗日战争全面爆发后，作为秘书随于右任撤至重庆。1941年，加入中国民主同盟。新中国成立后，任西北民盟总支委员兼副秘书长。1955年后，任西安市建筑工程局副局长、西安市政协副主席。

马文彦（右五）与赵寿山（右四）、彭德怀（右六）、陆定一（右八）、任弼时（左四）、杨尚昆（左三）、秦邦宪（左一）等合影

二　学　生　篇

丁嘉树（1907—？），又名森、雨林、丁丁，浙江嘉善人。1925年9月，进入上海大学中国文学系学习。后任中学校长、大学教授、报馆主笔、总编辑等。1936年9月，在《上海大学留沪同学会成立大会特刊》上发表关于上海大学同学会筹备经过的文章。1949年赴香港定居。

于芝秀（1902—1969），陕西三原人。于右任长女。1922年4月2日，与屈武结为伉俪。1923年8月，进入上海大学学习。1925年10月，作为第一批留苏学生赴莫斯科中山大学学习，同行者还有张闻天、王稼祥等。1927年回国。1969年在西安去世。

于芝秀与屈武合影

丁玲（1904—1986），中国女作家。原名蒋伟，字冰之，湖南临澧人。1919年下半年，进入长沙周南女子中学学习。1922年2月，进入上海平民女校学习。1923年，进入上海大学中国文学系学习。1924年暑假后，离开上海大学到北京继续求学。1927年起，发表《梦珂》《莎菲女士的日记》等作品，引起强烈的社会反响。1930年，参加中国左翼作家联盟。1931年，任左联机关刊物《北斗》主编。1932年，加入中国共产党并任左联党团书记。先后创作《水》《母亲》等重要作品。1933年，被国民党政府逮捕，1936年逃离后赴陕北革命根据地。任革命根据地中国文艺协会主任、中央警卫团政治部副主任、西北战地服务团团长、《解放日报》文艺副刊主编、陕甘宁边区文协副主任。1946年，到晋察冀边区参加土改运动。1948年，创作长篇小说《太阳照在桑干河上》，1951年获苏联斯大林文学奖金二等奖。新中国成立后，任《文艺报》主编、中央文学研究所所长、中共中央宣传部文艺处处长、中国作家协会副主席、《人民文学》主编、中国文联党组副书记。为全国政协委员。"文革"中被囚禁，后平反，任中国作协副主席，为第六届全国政协常委。晚年创办并主编文学杂志《中国》。1986年3月在北京病逝。有《丁玲全集》行世。

1926年，丁玲与胡也频合影

丁玲（左）与王剑虹在上海大学时合影

丁玲长篇小说《韦护》书影（1930年）

二　学生篇

丁郁（1900—？），女。1924年，进入上海大学社会学系学习。1925年初，加入中国共产党。五卅前夜在上海大学报名参加敢死队并留下绝命书。在南京路老闸捕房对面演讲时被捕。曾任中共上海区执行委员会候补委员，妇女运动委员会主任、妇女部主任，上海女界国民会议促成会书记。离开上海大学后，根据党组织安排，在邓中夏领导下从事材料整理和剪报等工作。新中国成立后，写有回忆文章《五卅时期上海大学点滴》。

《上海党史资料汇编》收录丁郁对上海大学的回忆文章，提及丁郁参加上海大学校舍建筑募捐队到广州曾直接向周恩来募捐一事。

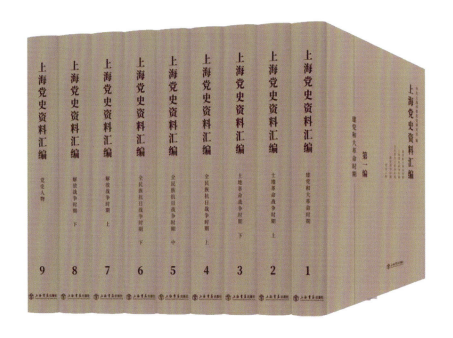

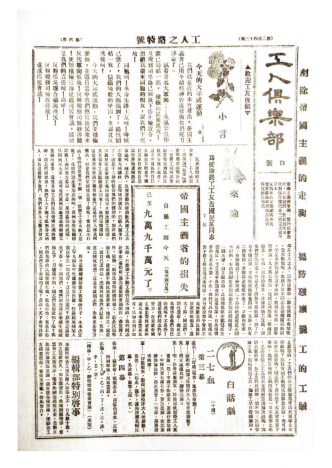

1926年，《工人之路》第243期刊登丁郁《为援助罢工工友告国民党同志》一文

二 学生篇

马凌山（1902—1931），又名生武，陕西合阳人。1920年，考入郃阳中学。1924年初，进入上海大学社会学系学习。1926年，加入中国共产党。1927年4月，任中共兰州特别支部宣传委员。1927年5月30日，在兰州举行的五卅纪念大会上代表中国共产党发表演讲，严厉谴责蒋介石发动的四一二反革命政变，鼓励各界爱国和进步人士与蒋介石为代表的反动派作坚决斗争；同年6月下旬，赴西北军杨虎城部做兵运工作。1931年2月，在河北唐山病逝。

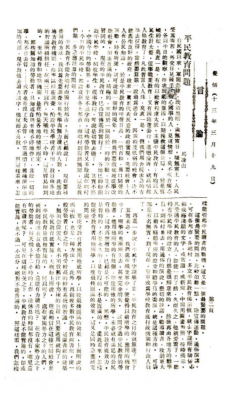

马凌山在上海大学读书期间写下大量文章，宣传革命思想，表达反对帝国主义、反对军阀势力的主张，还为上海大学教授、共产党员施存统、萧楚女的演讲作记录和整理工作。其所编《中山主义讲演集》1926年4月由三民公司出版发行，上海大学校长于右任题写书名。

1924年3月29日，《民国日报》副刊《觉悟》刊登马凌山《平民教育问题》一文

1924年5月9日，《民国日报》副刊《觉悟》刊登马凌山《我们应该怎样纪念"五九"》一文

王一知（1901—1991），原名杨代诚，湖南芷江人。1915年考入湖南桃源省立第二女子师范学校，1921年毕业后任向警予创办的溆浦小学教员。1922年2月，进入上海平民女校学习；同年8月，经俞秀松、刘少奇介绍加入中国共产党。1923年夏，进入上海大学学习；同年7月，中共上海地委兼区委决定将上海的中共党员按居住地编成五个组，第一组为上海大学组，王一知和上海大学教授瞿秋白、邓中夏、施存统等编在第一组；同年9月，任上海大学组组长。在上海大学学习期间，在向警予领导下从事妇女运动。1925年底，赴广州任邓颖超领导的广州妇女协会宣传部主任，主编《光明》周刊。四一二反革命政变后，长期在白区坚持地下斗争，担任党的地下电台收送密电的交通员。新中国成立后，先后任上海吴淞中学校长、北京一〇一中学校长兼党支部书记。1991年11月在北京病逝。

1925年1月18日，《民国日报》副刊《妇女周报》刊登王一知《废除娼妓制度》一文

任上海吴淞中学校长时的王一知

二 学 生 篇

王友直（1902—1992），号正卿，陕西韩城人。1924年7月，进入上海大学中国文学系学习。在上海大学学习期间，加入中国社会主义青年团。1925年3月，在上海大学陕西同乡会主办的《新群》半月刊上发表长诗《悼孙中山先生》。1926年底，在赴莫斯科中山大学学习途中加入中国共产党。在莫斯科中山大学学习期间，与蒋经国同住一个宿舍。1931年奉命回国，担任中共上海浦东区委组织宣传部部长。1933年被捕。1934年出狱后宣布脱离共产党，加入国民党。1947年7月，被蒋经国推荐为西安市市长。在中国共产党地下组织的策划和帮助下，为西安和平解放作出贡献。新中国成立后，任陕西省政协常委，民革中央监察委员、团结委员等。1992年在西安病逝。

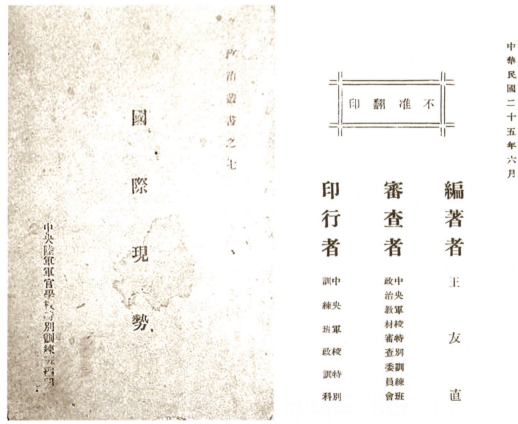

王友直著《国际现势》书影及版权页（1936年）

王文明（1894—1930），字钦甫，号恩安，海南琼海人。1917年秋，考入琼崖中学。1922年，与罗汉、王大鹏等创办嘉积农工职业学校并任教务主任；同年秋，加入中国共产党。1924年秋，进入上海大学社会学系学习。是琼崖革命同志大同盟主要负责人之一。1926年6月，在海口主持召开中国共产党琼崖第一次代表大会，成立中共琼崖地方委员会，当选书记。八七会议后，领导打响琼崖暴动第一枪。1928年8月12日，琼崖苏维埃政府成立，当选主席。后开辟母瑞山农村革命根据地，是海南岛地区党组织和革命根据地的创始人。1930年1月17日在母瑞山病逝。

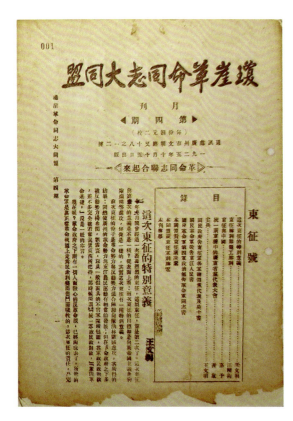
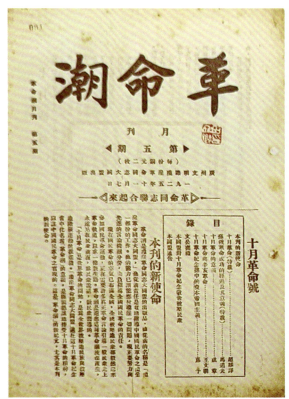

1925年7月创刊的《琼崖革命同志大同盟》月刊，自第五期起更名为《革命潮》

二 学 生 篇

王亚璋（1902—1990），又名志渊、芝宇，浙江定海人。1924年，进入上海大学学习。1925年1月，加入中国共产党。1926年3月，任中共上海区委委员兼妇女部主任。1927年1月，任中共湖北省委妇女委员会委员；同年4月，出席中国共产党第五次全国代表大会，当选中央候补委员。四一二反革命政变后，随丈夫李炳祥（上海大学学生）转移至马尼拉，继续从事革命工作。抗日战争期间，在菲律宾从事抗日宣传活动，任中国妇女慰劳前线抗日将士慰劳会菲律宾华侨分会委员兼组织部副主任。1944年11月，参加华侨抗日游击队，做俘虏教育工作。1946年，随华侨党组织撤至香港。1949年3月，在中共中央统战部二处工作。新中国成立后，任中共中央对外联络部研究员、机关学校校长等。1990年2月在北京去世。

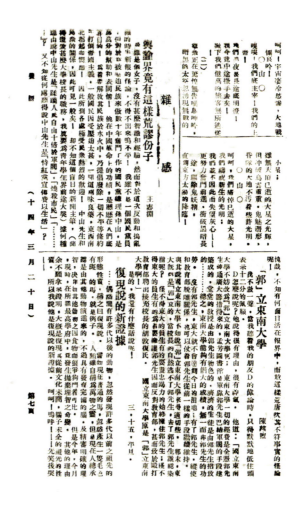

1925年3月20日，《民国日报》副刊《觉悟》刊登王亚璋《舆论界竟有这样荒谬分子》一文

王步文（1898—1931），又名朱华、王华，字伟模，安徽岳西人。先后就读于安庆六邑中学、安庆第一师范学校。1923年，加入中国共产党。1924年，进入上海大学社会学系学习。在上海大学学习期间，根据党组织安排，深入工人群众宣传革命道理。1925年6月，赴日本留学，参与组织中共东京特别支部并任特支常委。1927年奉调回国，在中共中央政治部工作，参加上海工人第三次武装起义；同年12月，领导安庆地区一二·八暴动。1929年，任中共中央巡视员，深入皖中皖西等地指导工作。1930年9月，任中共安徽省委书记，为中共安徽省委第一任书记。1931年4月被捕，5月在安庆就义。

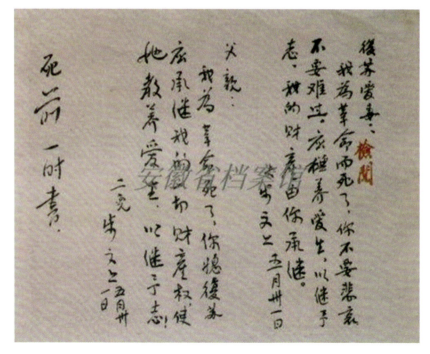

王步文家书

1925年，王步文与夫人方启坤合影

二 学 生 篇

王灿芝（1901—1967），名桂芬，别号小侠，湖南湘乡人。王廷钧、秋瑾之女。曾就读于长沙艺芳女校。1924年，进入上海南方大学学习；同年，进入上海大学英算高等补习班学习。1929年，赴美国纽约大学航空专科留学。为中国首位女飞行员，后任军政部航校教官。后去台湾。

王绍虞（1897—1928），安徽六安人。小学毕业后考入设在安庆的皖江体育专科学校。1923年，进入上海大学学习。1924年1月，利用寒假回家乡六安联络进步青年周范文、胡苏明等发起并组织六安青年励进会，团结和吸收当地青年学生在六安西门外紫竹林小庙集会，一起学习研究马克思主义，探索革命真理。返校后即被党组织吸收为党员。1925年寒假，受党组织派遣再次回到六安，组建共产党组织。同从芜湖、杭州、上海等地回乡的共产党员、共青团员王亦良、王立权、蔡邦瑜、刘大蒙、徐为浚等一起以开设青年实业社为掩护，创建中国共产党在六安最早的基层组织中共六安特别支部，任支部书记，直属党中央领导。1927年3月，北伐军进驻安庆，参加领导安徽农民运动。四一二反革命政变后，化名李静卿，在芜湖建立安徽省济难会并任主任，营救、资助和保护了大批共产党员和革命者。1928年1月被捕，4月在安庆就义。

王环心（1901—1927），江西永修人。王秋心堂弟。毕业于南昌省立第二中学。1922年初，进入东南高等专科师范学校学习，后转入上海大学中国文学系。1924年4月，加入中国共产党。在上海大学学习期间，根据党组织安排，回永修创建社会主义青年团组织。1925年夏，接受党组织指派，到河南、河北等地从事兵运工作。1926年春，奉命回到江西，以特派员身份到景德镇视察指导工作；同年9月，任中共永修支部书记；同年11月5日，北伐军攻下永修，经北伐军第6军党代表兼政治部主任林伯渠批准，任永修县县长。1927年2月，任中共永修地委书记；同年6月，任中共永修县委书记。1927年11月因叛徒告密被捕，12月在南昌就义。

王环心和堂兄王秋心都是文学青年。1924年11月15日，上海大学教授蒋光慈、沈泽民发起组织文学社团春雷文学社，王环心、王秋心都是创社成员。兄弟俩还在学校出版诗歌集《海上棠棣》，被同学施蛰存称为"上海大学有名的诗人"。

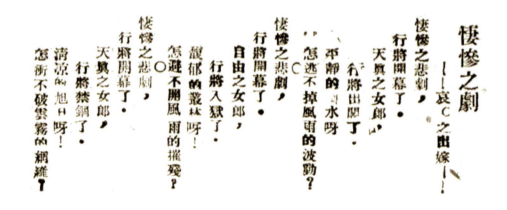

1923年7月28日，《民国日报》副刊《平民》刊登王环心短诗《凄惨之剧——哀C之出嫁》

二　学　生　篇

王秋心（1899—1987），江西永修人。王环心堂兄。早年毕业于江西第一师范学校。1922年初，进入东南高等专科师范学校学习，后转入上海大学中国文学系。1924年4月，加入中国共产党。新中国成立后，在永修中国民主同盟工作。曾接受江苏镇江市委党史办专访，有记录稿《我在上海大学的生活片段》发表在《江苏革命史料选辑》1983年第6期上。1987年在永修病逝。

王剑虹（1901—1924），土家族，四川酉阳（今重庆酉阳土家族苗族自治县）人。1916年，考入湖南桃源县第二女子师范学校。1921年，进入上海平民女子学校学习并任中国共产党创办的第一个妇女刊物《妇女声》编辑。1923年秋，进入上海大学中国文学系学习。1924年1月，与瞿秋白结婚；同年7月在上海病逝。

王耘庄（1904—1961），谱名宗德，笔名怀西，浙江嵊县人。1923年，毕业于天津南开中学。1923年9月，进入上海大学中国文学系学习。1924年11月，任上海大学学生社团中国孤星社行政委员。后转入上海大同大学中文系。1925年9月，加入中国共产主义青年团，不久加入中国共产党。1926年7月，考入清华大学研究院。1927年7月，与党组织失去联系。1934年2月，任上海法学院教授。抗日战争期间，回浙江参加抗日斗争。新中国成立后，任西北大学历史系教授兼图书馆馆长。

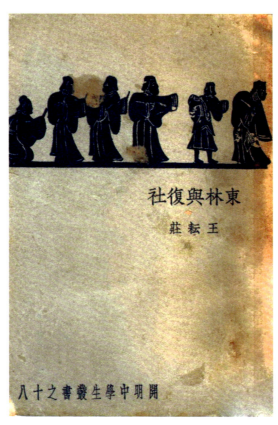

王耘庄著《东林与复社》书影（1935年）

王耘庄著《一种政治观》书影（1946年）

二　学　生　篇

王逸常（1896—1986），字纯熙，安徽六安人。1921年，加入中国社会主义青年团。1923年9月，进入上海大学社会学系学习；同年11月，加入中国共产党。1924年5月，赴黄埔军校学习，为第一期学员，毕业后留校，任中共黄埔军校第一期支部宣传委员、中国青年军人联合会秘书、第一军政治部上校组织科科长。1929年，任中共六安、霍山联合县委书记。1932年脱党，进入国民党中央政治学校学习和任教。抗日战争期间，先后在第一战区司令长官部政治部、军事委员会政治部任职。1946年退役，后任重庆私立中学校长。新中国成立后，先后在重庆市人民政府干部文化学校、重庆十三中学、重庆十二中学等任教。1962年，任武汉市文史研究馆馆员。1986年10月在武汉病逝。

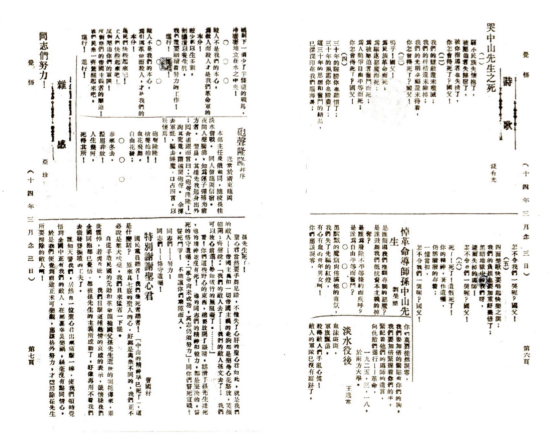

1925年3月23日，《民国日报》副刊《觉悟》刊登王逸常诗歌《淡水役后》

王超北（1903—1985），初名士奇，化名祥初、庞智，陕西澄城人。1922年，从陕西省第一中学毕业后考入南通医科专门学校。1923年，进入上海大学学习。1924年，加入中国社会主义青年团。1925年，加入中国共产党；同年暑假，根据党组织安排，先后在澄城中学和肤施（延安）第四中学创建中国共产主义青年团特别支部。四一二反革命政变后，在上海中央局特科从事情报工作。西安事变后，任八路军西安办事处总务科长。抗日战争全面爆发后，以经商为掩护从事情报工作。1939年，任党中央在西安成立的情报处处长。新中国成立后，任中国人民解放军西安警备区副司令员、西安市公安局局长等。1985年10月在北京病逝。

中共西安情报处交通联络站奇园茶社旧址纪念碑

1958年，王超北（左三）访问联邦德国洽谈购铜业务

二　学　生　篇

毛一波（1901—1996），又名纶明，字颖若、尹若，四川富顺人。1922年，考入泸县川南师范学校。1924年秋，进入上海大学社会学系学习。1926年后，从事报刊编辑和写作工作。1929年赴日本留学，1931年回国后在上海从事文化工作。抗日战争期间，任《华西日报》等报刊主笔，宣传抗日。1947年，赴台北从事新闻工作。1956年4月，发表《于右任与上海大学》。1980年，赴美国定居。1996年3月在美国旧金山病逝。

毛庆善（1906—1940），浙江奉化人。国民政府监察院监察委员毛颖甫之子。1923年，在宁波四中读书时加入中国社会主义青年团，毕业后进入上海大学学习并加入中国共产党。曾任国民党空军部队教练、轰炸机大队长等职。1940年，在对日作战中牺牲。

王稼祥（1906—1974），中国无产阶级革命家，中国共产党和中国人民解放军领导人。原名嘉祥，又名稼蔷，安徽泾县人。1925年，加入中国共产主义青年团；同年8月底，进入上海大学中学部高中三年级学习并任中学部学生会主席；同年11月赴苏联，先后在莫斯科中山大学和红色教授学院学习。1928年，加入中国共产党。1930年3月，回国。1931年4月，任中共苏区中央局委员、红军总政治部主任、中央革命军事委员会副主席。两次当选中华苏维埃共和国中央执行委员会委员兼外交人民委员，任外交部部长。1934年10月，参加长征。1935年1月，在遵义会议上坚决支持毛泽东的正确主张，对确立以毛泽东为代表的新的党中央的正确领导发挥了重要作用。随后又成为三人军事指挥小组成员，负责指挥全军的军事行动。后任西北革命军事委员会委员、中央革命军事委员会委员。1937年6月赴苏联，任中共驻共产国际代表。1938年8月回国，任中共中央军委副主席、总政治部主任等。1946年5月，赴苏联治病。1947年5月回国，任中共中央东北局委员、城工部部长、宣传部代理部长。新中国成立后，任驻苏联大使、外交部副部长、中共中央对外联络部部长、中共中央书记处书记。是中共第六届中央政治局委员，第七、第八、第十届中央委员；第二至第四届全国政协常委。主要著作编为《王稼祥选集》。

1924年9月17日，王稼祥在给堂弟王柳华的信中说："上大为革命之大本营，对于革命事业，颇为努力。余既入斯校，自当随诸先觉之后，而为革命奋斗也。"赴莫斯科中山大学前，上海大学中学部主任、共产党员侯绍裘代表党组织找王稼祥谈了一次话，告诉王稼祥苏联留学的生活会很艰苦，要王稼祥做好充分的思想准备。王稼祥在上海大学学习的时间总计只有两个月左右，但上海大学却对他产生了深刻的影响。1926年3月13日，他在给堂弟王柳华的信中称赞道："上海大学是在中国的中山大学。"

1924年，在圣雅各中学学习时的王稼祥

二　学　生　篇

1950年2月，王稼祥在中国驻苏联大使馆会见正在访苏的越南劳动党主席胡志明

王稼祥和夫人朱仲丽合影

方运炽（1906—1932），又名高中林，安徽寿县人。1919年，考入芜湖公立职业学校。1923年5月，与曹蕴真、薛卓汉等一起创立进步社团爱社；同年，进入上海大学学习并加入中国共产党；同年底，与曹蕴真等一起在寿县创建中共小甸集特别支部，直属党中央领导。1926年冬，赴莫斯科中山大学学习。1929年奉命回国，改名方英，到上海任中共中央交通局秘书；同年10月，以中央巡视员身份到安徽各地视察和指导工作；同年11月，领导安徽独山暴动。1931年4月，任鄂豫皖中央分局委员兼特委书记；同年12月，任中共皖西北道委书记。1932年9月在行军途中病逝。

方运炽从苏联回国时穿的牛皮鞋

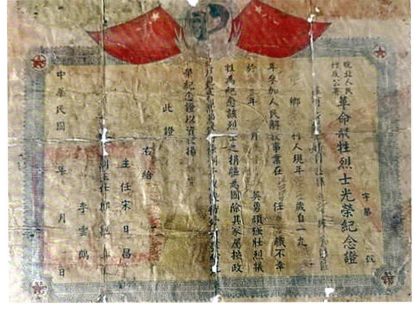

方运炽烈士证书

二 学 生 篇

孔另境（1904—1972），原名令俊，字若君，浙江桐乡人。沈雁冰内弟。1922年，进入浙江嘉兴第二中学学习。1923年，进入上海大学中国文学系学习。1925年，加入中国共产党。1926年春，赴广州参加国民革命，在国民党中央宣传部任职。北伐开始后，任武汉前敌总指挥部宣传科科长。四一二反革命政变后，任中共杭州县委宣传部秘书。后县委遭到破坏，与党组织失去联系。1928年后，主要从事写作和教书工作。新中国成立后，任大公职业学校校长、山东齐鲁大学中文系教授、春明书店总编辑、上海文化出版社及上海文艺出版社编辑部主任、上海出版文献资料编辑所编审等。1971年9月去世。著作有散文集《齐声辑》《秋窗集》《我的记忆——孔另境散文选》等。

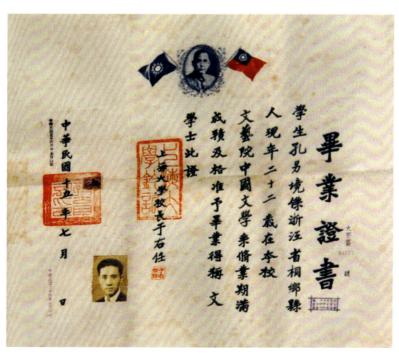

上海大学校长于右任签署的孔另境毕业证书　　孔另境主编剧本《李太白》（1944年）

邓果白（1907—1967），又名戈北、义昌、文昌，安徽萧县人。毕业于高等专科师范学校。1925年秋，进入上海大学社会学系学习；同年，加入中国共产党；同年冬，根据党组织安排，回家乡开展农民运动。1926年初，受派赴武昌中央农民运动讲习所学习；同年7月，随北伐战区动员委员会到河南，后回萧县从事农民运动和统战工作。1930年，参加党领导的苏州暴动，失败后与党组织失去联系。抗日战争期间，任萧县抗战动员委员会干事、抗日义勇队萧县支队参谋、萧县县政府优抗主任。1946年，进入冀州军政大学学习。1947年，随刘邓大军南下，后在豫皖苏三专署任交通科科长。1948年，恢复党籍。新中国成立后，任萧县农业局副局长等。

包焕赓（1907—1947），江苏武进人。1925年，进入上海大学社会学系学习；同年，加入中国共产党。根据党组织安排，利用寒假回家乡进行党组织创建工作。1926年春节，在自己家中秘密成立中共横山桥支部并任支部书记。这是中国共产党在武进地区成立的第一个基层组织。

中共横山桥支部旧址

二　学生篇

龙大道（1901—1931），侗族，原名康庄，字坦之，贵州锦屏人。1918年春，考入武昌中华大学附中。1922年冬，进入上海大学学习。1923年11月，加入中国共产党。1924年9月，奉派赴莫斯科东方大学学习。五卅运动爆发后奉命回国，到上海从事工人运动。参加上海工人第二、第三次武装起义。1927年3月，任上海总工会经济斗争部部长。四一二反革命政变后撤离上海，作为上海代表赴武汉参加中国共产党第五次全国代表大会。1928年4月后，先后任浙江省委工人部部长、省委常委、代理省委书记。1930年，任上海总工会秘书长兼上海市各界人民自由运动大同盟主席、党团书记。1931年1月，因叛徒出卖被捕，2月7日在龙华就义。

龙华二十四烈士墓

龙大道故居

1930年4月，摄于上海的全家福（中为龙大道父亲龙治藩，左为龙大道夫人金翊群）

皮言智（1901—1926），安徽英山（今属湖北）人。1918年，考入安徽省立第一师范学校。1921年，参与筹建安徽社会主义青年团。曾任安徽省学联负责人。1923年秋，因参加安徽反对曹锟贿选及痛打吹捧曹锟的"议员"遭安徽军阀当局通缉而逃亡上海。1924年10月，进入上海大学学习。后赴黄埔军校学习并加入中国共产党。在黄埔军校学习期间参加东征。1926年在作战中牺牲。

1924年10月，皮言智与另外两名同学以"安徽逃亡学生"名义上书孙中山，请求插班进入上海大学。孙中山向上海大学校长于右任转发了此信和批示，要求上海大学酌情办理皮言智等免费进入上海大学学习之事。

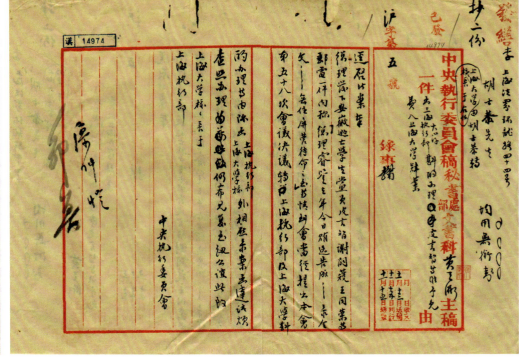

二　学生篇

匡亚明（1906—1996），原名洁玉，又名世，江苏丹阳人。1926年暑假后，插班进入上海大学中国文学系二年级学习；同年9月下旬，加入中国共产主义青年团，不久加入中国共产党；同年11月初，任引翔港团部委书记兼中共引翔港部委委员。后任共青团上海沪东、沪西、闸北等区的区委书记，共青团无锡中心县委书记，共青团江苏省委巡视员。1927年后，以江苏团省委特派员名义领导宜兴的秋收起义。在白区坚持地下斗争时，先后四次被捕。抗日战争、解放战争期间，任中共中央社会部政治研究室副主任，华东局宣传部副部长兼中共中央华东局机关报《大众日报》社长、总编辑，中共中央山东分局宣传部部长兼政策研究室主任。新中国成立后，任华东政治研究院党委书记兼院长、中共华东局宣传部常务副部长、东北人民大学常务书记兼校长、南京大学党委书记兼校长。为江苏省第五、第六届人大常委会副主任。1996年在南京病逝。

1929年春，匡亚明（左一）在乐益女中执教时与学生合影

1985年11月，匡亚明以上海大学校友身份为上海大学复校题词

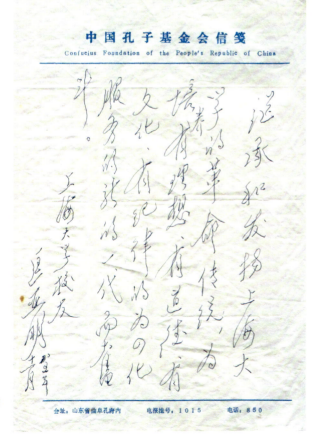

吉国桢（1899—1932），又名凤洲，字干卿，陕西华县人。1920年，考入咸林中学，开始接受新思想并参加进步团体青年励志社。1924年夏，进入上海大学社会学系学习；同年，加入中国社会主义青年团。参加五卅运动。1926年夏，根据党组织安排赴莫斯科学习；同年秋，加入中国共产党。1929年奉命回国，任中共陕北特委书记、中共陕西省委常委兼西安市委书记、陕西临时省委书记、中共河南省委书记等。九一八事变后，在河南领导成立抗日组织，开展抗日救亡运动。1932年7月因叛徒告密在郑州被捕，8月22日在开封就义。

师集贤（1899—1930），原名道立，化名露冷，陕西合阳人。1917年，考入西安成德中学。后考入上海东南高等专科师范学校，上海大学成立后转入美术科图音组学习。1922年，加入中国共产党。1924年，毕业后在西安美术学校、西安中山中学任教。1930年夏在南京被捕，9月在雨花台就义。

二 学 生 篇

朱义本（1907—1969），字叔鹏、天宽，绍兴马鞍人。1925年前后，进入上海大学社会学系学习；同年，加入中国共产主义青年团；1926年，加入中国共产党；同年12月，奉调任中共绍兴地委书记兼组织委员。四一二反革命政变后，先后在上海任新亚中学教导主任、上海美美术专科学校教授等。新中国成立后，任杭州中山中学校长、萧山中学生物教师等。

庄泗川（1905—？），字贵岩，台湾嘉义人。早年就读于福建省私立集美学校。1925年，进入上海大学中国文学系学习。后加入中国共产主义青年团。1926年11月，根据上海大学党组织决定，随翁泽生赴福建漳州开展革命工作，后回台湾参加文化协会改组工作。后从事工商业和新闻工作。日伪时期沦为汉奸。1952年，任台湾《台中日报》总编辑。在台湾去世。

刘一梦（1905—1931），原名增容，又名大觉，山东沂水人。刘晓浦之侄。山东省立第五中学毕业后考入南京金陵大学文学系。1923年，进入上海大学社会学系学习；同年，加入中国共产党。在上海大学学习期间，与共产党员、同在上海大学学习的叔叔刘晓浦利用寒暑假回家乡宣传革命。参加五卅运动。1927年冬，参加由蒋光慈、钱杏邨、洪灵菲等共产党人创办的革命文化团体太阳社，为社内党组织负责人之一。1928年秋，任共青团山东省委书记。1929年4月被捕，1931年4月与刘晓浦等在济南就义。

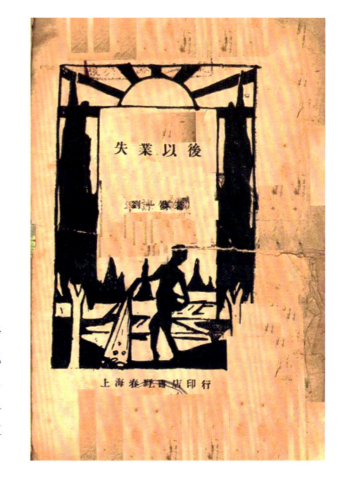

刘一梦小说集《失业以后》收录短篇小说八篇，1929年由上海春野书店出版。1930年4月1日，鲁迅在《萌芽月刊》第1卷第4期上发表《我们要批评家》一文："这两年中，虽然没有极出色的创作，然而据我所见，印成本子的，如李守章的《跋涉的人们》，台静农的《地之子》，叶永蓁的《小小十年》前半部，柔石的《二月》及《旧时代之死》，魏金枝的《七封信的自传》，刘一梦的《失业以后》，总还是优秀之作。"

二 学 生 篇

刘华（1899—1925），原名炽荣，字剑华，四川宜宾人。1920年秋，到中华书局印刷所工作。1923年8月，进入上海大学中学部学习。不久，加入中国社会主义青年团，任上海大学学生会执行委员、四川同学会主席。1924年，加入中国共产党；同年秋，根据党组织安排，到小沙渡沪西工友俱乐部工作。1925年1月，中国共产党第四次全国代表大会决定成立中共中央职工委员会，委员会由张国焘、李立三、刘少奇、项英、刘华等组成；同年2月，任二月罢工前沿总指挥。五卅惨案发生后当晚，中共中央在上海召开紧急会议，决定由瞿秋白、蔡和森、李立三、刘少奇、刘华组成行动委员会，建立各阶级反帝统一战线，发动全上海罢市、罢工、罢课，抗议帝国主义者屠杀中国人民；决定公开上海总工会组织，由李立三任委员长、刘华任副委员长兼第四办事处主任。1925年11月被捕，12月17日就义。

上海大学教师许德良回忆："刘华在上大附中高中部读书，是半工半读，帮助学校刻蜡版，和我住在一个房间，关系很好，我也教教他英文。他刻苦努力，学习疲劳了，就用冷手巾敷在头上或用冷水冲头，继续坚持学习。他用毛边纸订了一个本子，取名'第二副唇舌'，记学习心得体会。他很乐观、活泼，喜欢唱一支歌《麻雀与小孩》。"

中华书局印刷所同仁欢送刘华（后排右二）进上海大学时合影

刘仲言（1903—1993），陕西三原人。上海大学附属中学毕业。1923年，经于右任介绍入黄埔军校学习。曾参加东征、北伐，后任陕西耀县三民军官学校（杨虎城任校长，上海大学教授王宗山任代理校长，上海大学教授刘含初任政治教官）第二队队长。曾在西安市公安局、省保安司令部、汉中保安部等任职。1949年赴台湾。

刘披云（1905—1983），又名荣简，四川岳池人。1925年，因反对校长江亢虎致废帝溥仪的请求觐见书，参加"驱江运动"而被上海南方大学开除；同年下半年，进入上海大学学习；同年，加入中国共产党。作为上海大学代表参加上海学联工作，继上海大学学生刘一清、李硕勋后任第八届全国学生联合总会委员长。后任共青团南市部委书记，参加上海工人第三次武装起义，聆听周恩来在起义前作的秘密报告。1927年3月，赴重庆任川西特别委员会书记、中共四川省委常委兼宣传部部长。四一二反革命政变后，与党组织失去联系。1935年，赴日本留学。抗日战争全面爆发后，弃学回国参加抗日救亡运动，经党组织考察恢复党籍。1940年5月赴延安，任陕甘宁边区行政学院教育处处长、延安大学代理副校长。新中国成立后，任川南行署副主任、中共川南区党委宣传部部长、天津南开大学党委书记兼副校长、云南省副省长、中共云南省委常委、云南大学党委书记兼校长。1983年5月在昆明病逝。

二 学 生 篇

刘晓浦（1903—1931），又名太和、昱厚、小甫，山东沂水人。刘一梦叔叔。曾就读于江苏南通职业纺织学校，因参加学生运动被学校开除。后进入上海大学学习。1923年夏，加入中国共产党。1927年，任中共江苏省委组织部部长。1929年4月，与刘谦初一起到济南重建遭到严重破坏的中共山东省委，任省委执行委员兼秘书长；同年7月，因叛徒出卖被捕。其兄刘云浦变卖家产赎其出狱，被其拒绝。1931年4月与刘一梦等在济南就义。

刘晓浦、刘一梦叔侄出生于当地地主家庭"燕翼堂"

刘峻山（1899—1985），又名九峰、竣山，江西吉安人。1921年，毕业于江西省立第一师范学校。1924年，进入上海大学中国文学系学习，后转入社会学系；同年，加入中国共产党。1925年，任共青团上海地委学运部部长；五卅运动爆发后，任上海学生联合会宣传部副部长、部长；同年8月，任上海学生联合会党团书记。1926年1月，任全国学生联合总会常务委员兼宣传部部长；同年2月，赴南昌巡视检查工作，后任共青团南昌地委书记；北伐开始后，任特派员赴江西整顿党团组织。1927年，在中国共产党第五次全国代表大会上当选中央监察委员会委员；四一二反革命政变后，参加南昌起义的地方宣传组织工作。后在浙江、江苏、上海等地党组织任职。1932年脱党。1947年，在南昌加入中国民主同盟。新中国成立后，任江西省人民政府体育运动委员会副主任、民盟江西省委副主任委员。1985年4月在南昌病逝。

刘锡吾（1904—1970），又名锡五，河南孟县人。1924年，毕业于开封圣安德烈中学。1924年，加入中国社会主义青年团。1925年，进入上海大学社会学系学习。在上海大学学习期间，加入中国共产党，任中共上海大学支部干事、中共上海浦东区委委员。1926年，参加上海工人第一次武装起义。后在中共河南省委军委工作。四一二反革命政变后，在江苏、上海从事党的地下工作。1930年，赴东北、华北工作，任中共满洲省委代理职工部部长、全国总工会华北特派员兼铁路总工会党团书记、中共顺直省委委员；同年12月，任中共北平市委书记。1931年7月，因叛徒出卖被捕。1936年被救出狱，后赴延安任中共中央组织部干事、地方工作科科长和训练班主任等。1939年，赴太行山任北方局组织部部长，主持出版《党的生活》。抗日战争胜利后，赴东北参加建立和巩固东北根据地的斗争，任中共西满二地委书记、军分区政委，中共嫩江省委书记兼嫩江省军区政委，中共中央东北局组织部副部长、部长。新中国成立后，任中共吉林省委书记、中共中央监察委员会副书记。1959年7月，接受专访，有《有关上海大学的情况》记录稿存世。1970年2月在郑州病世。

1946年，刘锡吾在齐齐哈尔与中共中央西满分局领导合影（左起：黄克诚、倪志亮、刘锡吾、郭峰、王鹤寿、郭述申、刘彬、古大存、陈沂、张平化、李聚奎）

二 学 生 篇

羊牧之（1901—1999），江苏常州人。1925年9月，进入上海大学社会学系半工半读。1926年6月前后，到中共中央宣传部工作。长期在上海、江苏、湖南等地任教。新中国成立后，为常州市人大代表、常州市政协常委、政协专职副秘书长。1980年10月，在常州接受专访，有《回忆上海大学》记录稿存世。

羊牧之手稿

1930年，羊牧之（左一）与家人合影

安剑平（1900—1978），名若定，字剑平，号天侠，江苏无锡人。1923年9月，进入上海大学社会学系学习。1924年1月，与同学糜文浩共同发起成立进步团体中国孤星社并任社长，创办《孤星》旬刊并任总编辑。1924年3月3日，孙中山先生应安剑平之请，为《孤星》题写刊名。1932年，在南京发起组织铸魂学社；同年，出版《大侠魂论》，表达其救国救民之情怀。1945年，发起组织中国少年劳动党并任党主席。1949年9月1日，接受中国共产党建议，解散中国少年劳动党，表示服从中国共产党领导。新中国成立后，任政务院参事、第二届全国政协委员。

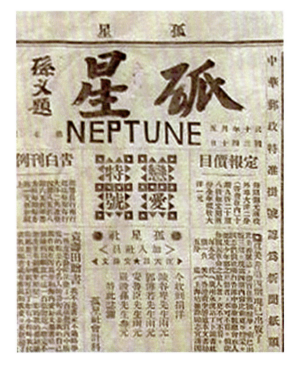

1924年3月3日，孙中山致电安剑平，称《孤星》"深切时弊"，并亲题"孤星"二字寄到安剑平处。《孤星》刊头从第五期开始改为孙中山题词。

于右任为安剑平所著《大侠魂论》题词

二 学 生 篇

许乃昌（1906—1975），笔名秀湖、秀湖生、沫云等，台湾彰化人。1923年9月，进入上海大学社会学系学习；同年11月，被中共上海地方兼区委员会正式批准成为中国共产党候补党员。同时入党的还有刘华、龙大道、薛卓汉等七人，被编在中共上海地方兼区委第一组，即上海大学组。1924年8月，经陈独秀介绍，赴莫斯科东方大学学习。在上海大学台籍学生中，是最早被党组织派到苏联去留学的。1925年8月，赴日本留学，与东京帝国大学、中央大学的同学一起成立台湾新文化学会。1927年，主导成立社会科学研究部。

许心影（1908—1958），原名兰荪，号白鸥居士，广东澄海人。1926年，进入上海大学中国文学系学习，其间加入中国共产主义青年团。1927年4月，在武汉革命政府妇女部任文书。四一二反革命政变后，在福建龙溪教书。后到上海从事文学创作，参加左翼文学活动。抗日战争期间，在广东潮州教书。新中国成立后，在汕头专区戏剧改革委员会从事潮剧旧剧本整理工作。1958年6月在汕头病逝。有诗集《腊梅余芬别裁集》行世。

1941年，许心影与孩子合影

许侠夫（1901—1927），原名声鹏，字秀南，广东文昌（今属海南）人。1923年，就读于暨南大学。1924年，进入上海大学社会学系学习。1925年4月，当选上海大学广东同学会执行委员；同年5月，在上海大学刊物《南语》上发表《告琼崖诸同胞》一文，号召琼崖人民联合起来，反抗军阀邓本殷；同年秋，加入中国共产党。1926年4月，当选上海大学社会学系第一届同学会出版委员；同年回琼崖从事革命工作，当选中共琼崖地委委员兼宣传部部长。1927年6月，任中共文昌县委书记，建立革命武装组织；同年7月，任琼崖讨逆革命军第五路军党代表；同年12月在战斗中牺牲。

孙仲宇（1905—1969），又名金鉴、卓梧，江苏泰县人。1925年7月，进入上海大学社会学系三年级学习。1930年，加入中国共产党。1932年被捕，1935年出狱，1938年重新加入中国共产党。新中国成立后，在云南昆明工业学校任教。1962年11月，以书面形式接受上海历史研究所函调，有《关于上海大学的一些资料》藏于上海市档案馆。

二　学生篇

许继慎（1901—1931），中国无产阶级革命家、军事家，中国工农红军高级指挥员。原名绍周，字谨生，安徽六安人。1920年，就读于安徽省立第一师范学校。1921年4月，加入中国社会主义青年团。1923年秋，因参加安徽反对曹锟贿选及痛打吹捧曹锟的"议员"遭安徽军阀当局通缉而逃亡上海，在党组织安排下进入上海大学社会学系旁听。1924年5月，赴黄埔军校学习，为第一期学员；同年，加入中国共产党。毕业后留校任教导第2团排长、连长，第三期学生队队长，后调任国民革命军第1军第3师第7团代理党代表。参加两次东征、北伐。1926年起，任国民革命军第4军叶挺独立团第2营营长、第25师第73团参谋长、第24师第72团团长。四一二反革命政变后，到上海中共中央军委机关工作。1930年春，赴鄂豫皖革命根据地任鄂豫皖红军第1军军长、中共鄂豫皖边特委委员、中共第1军前委委员，领导整编鄂东北、豫东南、皖西三块革命根据地，实现了鄂豫皖红军的统一领导和指挥。1931年1月，鄂豫皖红军第1军、鄂东南红军第15军合编为鄂豫皖第4军后，任第11师师长、第12师师长，后兼中共鄂豫皖革命军事委员会皖西北分会主席；同年11月，在"肃反"中遭诬陷，被错杀于河南光山新集。1945年，平反昭雪，追认为烈士。

许继慎的黄埔军校调查表

1925年1月，黄埔军校中国青年军人联合会第一次代表大会合影，许继慎（第二排右一）是联合会的主要负责人之一

阳翰笙（1902—1993），中国电影剧作家、作家、戏剧家。原名欧阳本义，字继修，笔名华汉等，四川高县人。1920年，就读于成都省立第一中学。1924年，进入上海大学社会学系学习。在上海大学学习期间，参加工人夜校教育工作和工人运动。五卅运动期间，与李硕勋一起受党组织指派到上海学联总会工作。1925年，加入中国共产党；同年10月底，任中共闸北部委书记。1926年1月，根据党组织安排赴黄埔军校任政治教官。参加南昌起义。1929年，任中共中央文委书记、中国左翼文化总同盟党团书记。抗日战争期间，任国民政府军事委员会政治部第三厅主任秘书、文化工作委员会副主任委员。1949年7月，参加第一次全国文代会，当选大会主席团、常务主席团成员。新中国成立后，任中华全国电影工作者协会主席，政务院文教委员会副秘书长、总理办公室副主任，全国文联副主席、党组书记，中国人民对外文化协会副会长、党组书记等。1993年6月在北京去世。

阳翰笙回忆："我到'上大'才知道，以前读过一些马列主义的书，看来都是一知半解、似懂非懂的，实际上就是不懂。到了'上大'觉得一切都非常新鲜，许多理论和道理是闻所未闻的，所以就拼命地学习、研究。"

阳翰笙著《前夜》书影（1941年）

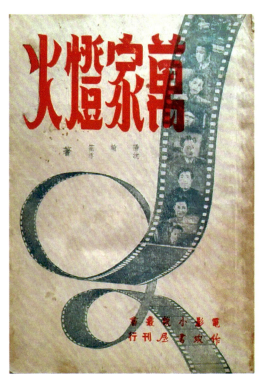

阳翰笙著《万家灯火》书影（1948年）

二　学　生　篇

1938年1月，阳翰笙（第二排右一）、郭沫若（第一排右六）与长江局、八路军驻武汉办事处领导人合影

1983年5月，国家教育部批准组建上海大学，9月2日在上海大学正式开学之际，阳翰笙从北京发来祝贺电报，电文称："上海大学全校同志们，欣闻母校重建，不胜快慰，特向同志们表示热烈的祝贺。上大是第一次国共合作时期我党所领导的第一所培养革命干部的大学，在漫长的革命征途上，上大的师生们作出过卓越的贡献，也遭受过重大的牺牲。值此母校重光之际，热望同志们继承和发扬革命的光荣传统，培养出大批德才兼备的人才，为开创社会主义现代化建设的新局面做出更重大的贡献。原上大社会学系学生阳翰笙敬贺。"

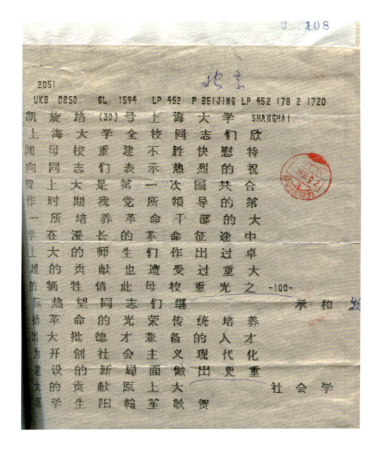

严信民（1902—1988），陕西澄城人。早年就读于陕西省立第一师范学校。1922年，在上海加入中国共产党。1923年前后，进入上海大学社会学系学习。与王一知都是上海大学学生中最早的一批共产党员。1924年1月，赴莫斯科东方大学学习。1925年秋，奉命回国。1927年初，由中共陕西省委派往西安中山学院任教兼国民军联驻陕西总司令于右任秘书。四一二反革命政变后，与党组织失去联系。1942年夏，在重庆加入中华民族解放行动委员会（中国农工民主党前身）。1946年夏，进入陕甘宁边区。1947年2月，当选中国农工民主党中央执行委员；同年9月，作为中国农工民主党代表出席中国人民政治协商会议第一届全体会议。新中国成立后，任政务院参事、中央民族事务委员会参事室主任、中央民族学院副院长、中国农工民主党中央副主席等，为全国政协常委。1988年8月在北京去世。

1949年9月，出席中国人民政治协商会议第一届全体会议的农工党代表合影（前排左起：李士豪、李健生、郭冠杰、彭泽民、王一帆、郭则沉；后排左起：杨子恒、杨逸棠、严信民、王深林、张云川、何世琨）

二　学　生　篇

杜嗣尧（1900—1969），字少雄，陕西榆林人。1923年，就读于陕西省立第四师范学校。1924年秋，加入中国共产党；同年底，任中国共产党陕北地方委员会委员。1925年秋，被党组织派到上海大学学习。1926年暑假，回陕西任中共葭县支部书记。1927年，被陕西省教育厅厅长杨明轩任命为葭县教育局局长，在葭县组建中共葭县特别支部并任书记；同年7月，组建中国共产党葭县委员会并任县委书记。抗日战争期间，当选陕甘宁边区参议员。1944年，任绥德专署教育科科长。1946年春，当选葭县县长。1959年，任陕西省政协副秘书长。

1926年，杜嗣尧（右二）与同学在宋公花园合影

杜衡（1907—1964），原名戴克崇，浙江杭州人。1923年，进入上海大学中国文学系学习；同年11月，与施蛰存、戴望舒等共同发起成立上海大学青凤文学会。1926年3月，与施蛰存、戴望舒一起创办《璎珞》旬刊；同年，参与编辑《现代》月刊，提出"第三种人"的文艺自由主张，与左翼文人展开论战。1941年，赴重庆任南方印书馆编辑主任、《中央日报》主笔。1964年在台湾去世。

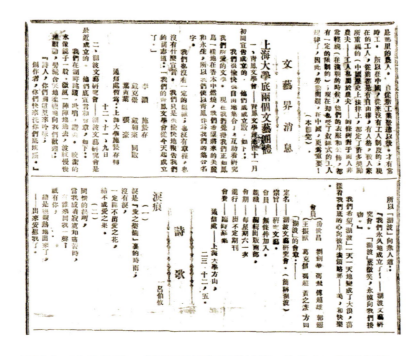

1923年12月7日，《民国日报》刊登杜衡、施蛰存、戴望舒等联合发起的青凤文学会成立的消息

杜衡（左）与戴望舒（中）、施蛰存合影

二 学 生 篇

李平心（1907—1966），中国历史学家。原名循钺，又名圣悦，江西南昌人。1925年8月，进入上海大学社会学系学习。1927年1月，到浙江第六师范学校任教；同年2月，加入中国共产党。1928年2月，加入蒋光慈、钱杏邨等领导的太阳社。1931年2月后与党组织失去联系。1945年12月，与马叙伦、许广平、赵朴初、周建人等共同发起组织中国民主促进会。新中国成立后，任全国政协委员、华东师范大学历史系教授。有《平心文集》行世。

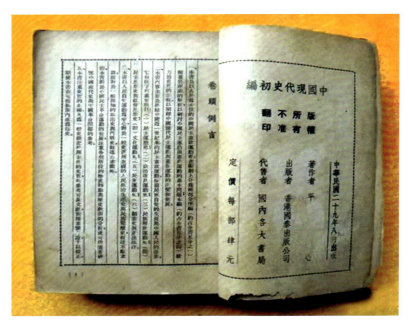

李平心著《中国现代史初编》书影（1940年）

李平心著《人民文豪鲁迅》为鲁迅逝世后第一部系统研究鲁迅思想的专著

李宇超（1906—1968），字任西，山东诸城人。1921年，就读于济南正谊中学。1925年，进入上海大学学习。五卅惨案后，与同学孟超、张少卿等一起赴济南宣传五卅运动、介绍五卅惨案真相。1926年10月，参加中共中央军事部在上海举办的军事训练班，结业后到济南开展兵运工作，由王尽美介绍加入中国共产党。1930年，调中央特科工作。1931年，任中共中央内部交通主任。1934年，任上海中央局秘书长。1935年，调陕北苏区。抗日战争期间，在中央政治研究室、延安交际处等工作。1947年7月，随刘邓大军挺进大别山，任中共罗麻工委委员兼工作队长。1949年6月，任华东大学副校长兼党委书记。新中国成立后，任中共中央山东分局统战部副部长、山东省副省长等。

1931年4月，中央特科行动科负责人顾顺章叛变，中共地下党员钱壮飞第一时间将情报汇报给中央，中央立即采取行动，避免了一场大灾难。钱壮飞潜回上海后由陈赓秘密护送到李宇超家中隐藏，直到5月才由陈赓将钱壮飞安全转移。李宇超和夫人牛淑琴（上海大学学生）隐藏钱壮飞这件事是中国共产党在秘密战线进行斗争的一段佳话。

1952年10月26日，毛泽东抵达济南，开始对山东进行视察，李宇超以中共中央山东分局统战部副部长的身份全程陪同，当起了临时"导游"。《毛泽东年谱》在1952年10月27日记有："上午，游览趵突泉、漱玉泉、跑马泉、珍珠泉、黑虎泉。""下午，游览大明湖。"

李宇超与夫人牛淑琴合影

二　学　生　篇

李秉乾（1901—1966），又名子健，陕西三原人。1922年，毕业于渭北中学。1923年，进入上海大学社会学系学习。1924年，加入中国社会主义青年团，不久加入中国共产党。1924年8月，利用暑假回家乡建立青年团三原特别支部。返校后与杨明轩、马文彦等一起创办上海大学陕西同乡会会刊《新群》。1925年10月赴苏联学习，1926年11月回国。1927年7月，先后任中共陕西省委委员、省委常委、宣传部部长。1928年被捕，1929年5月出狱后脱党，加入中国民主同盟。新中国成立后，任陕西省林业厅厅长、陕西省人民政府副秘书长、民盟陕西省委员会副主任委员。

1924年9月13日，《民国日报》刊登《上海大学西北省区学生李秉乾等来函》的消息

李秉乾（右一）陪同杨虎城一家游览杭州岳坟

李春锦（1905—2004），广东潮州人。李春涛胞弟，柯柏年（李春蕃）堂弟。1926年前后，进入上海大学社会学系学习，任第一届社会学系同学会总务委员、丁卯级同学会执行委员会委员。参加南昌起义，任第11军第10师第1营第1连指导员。后在上海从事文学创作和译著工作，参加左联。

上大丁卯级同学会成立

前日江湾上海大学丁卯级同学会召集全体大会，到者九十余人，常推聚方李春锦等七人组织执行委员会，李从事编辑该级特刊，内有广告栏拟在校内建、李圣恩编辑汪涛超骤杨国辅丁顾金耀光、筑方超一座骑行担任接洽并拟择日开欢乐大会、由李锦方超以一示纪念云，聚餐筑楼以示纪念云，摄影。

1927年4月20日，《民国日报》刊登《上大丁卯级同学会成立》的消息，李春锦等七人被推举为执行委员

李炳祥（1905—1959），又名永孝，广西平南人，生于菲律宾马尼拉。李锦蓉胞兄。1924年9月，进入上海大学经济学系学习；同年，加入中国共产党。1925年，被派往苏驻华使馆及冯玉祥部工作。1926年，参加北伐，后赴汉口任苏联顾问鲍罗廷英文翻译。四一二反革命政变后，奉中共中央之命陪同鲍罗廷撤回苏联并留在莫斯科学习。抗日战争期间，在菲律宾发动华侨和国际友人支援国内抗战。1946年，在香港负责海外华侨工作。新中国成立后，在中央机关从事外事工作。1959年6月在北京病逝。

二　学生篇

李逸民（1904—1982），原名叶书，字有基，浙江龙泉人。1921年，就读于杭州法政专门学校。1922年夏，进入上海东南高等专科师范学校学习，后转入上海大学中国文学系。1925年，赴黄埔军校学习，为第四期学员；同年9月，加入中国共产党。1927年，任国民革命军第11军第24师教导大队政治指导员。参加南昌起义。后到上海从事党的地下工作，任中共江苏省委军委兵运委员。1928年春被捕入狱，抗日战争全面爆发后出狱赴延安，任中国人民抗日军事政治大学第三分校政治部主任、中共中央情报部第一局局长等。解放战争期间，任冀热辽军区政治部宣传部部长、北平军调处执行部第二十六小组中共代表。1946年10月起，任牡丹江省政府委员兼建设厅厅长、东北人民政府财经计划委员会常务委员兼秘书长等。新中国成立后，任公安部队政治部副主任、中国人民解放军总参谋部警备部副部长兼政治部主任、军委总直属队政治部主任、《解放军报》总编辑、中国人民解放军总政治部文化部部长等。1955年，被授予少将军衔。1982年6月在北京去世。

少先队员参观李逸民将军故居

李逸民国画作品

李硕勋（1903—1931），原名开灼，又名陶，字叔薰，四川高县人。1921年1月，就读于四川省立第一中学；同年秋，与同学阳翰笙一起成立成都社会主义青年团，不久改称四川社会主义青年团。1923年，进入上海大学社会学系学习。1924年，加入中国共产党。五卅运动期间，当选上海学生联合会代表、全国学生联合总会会长、全国学生联合总会党团书记。1925—1926年，主持召开第七、第八届全国学生代表大会。1926年10月，国民革命军北伐攻占武昌，根据党组织安排赴武昌，先后任中共武昌地委组织部部长、共青团湖北省委书记、国民革命军第4军第25师政治部主任。率部参加南昌起义，任起义军第11军第25师党代表兼政治部主任。后受朱德派遣赴上海向党中央汇报和请示工作，被留在上海从事党的地下工作。1930年起，任中共中央军委委员、中共江南省委军委书记、中共两广省委军委书记。1931年8月被捕，9月5日在海口就义。

赴琼州前，李硕勋在给妻子赵君陶（上海大学学生）的遗书中说："余在琼已直认不讳，日内恐即将判决，余亦即将与你们长别。在前方，在后方，日死若干人，余亦其中之一耳。死后勿为我过悲。惟望善育吾儿。"曾任中华人民共和国总理的李鹏在《李鹏回忆录》中说："我出生在一个革命家庭。我的父亲叫李硕勋，母亲叫赵君陶（原名赵世萱），他们于1926年8月在上海大学结成良缘，成为一对志同道合、相亲相爱的革命伴侣。"

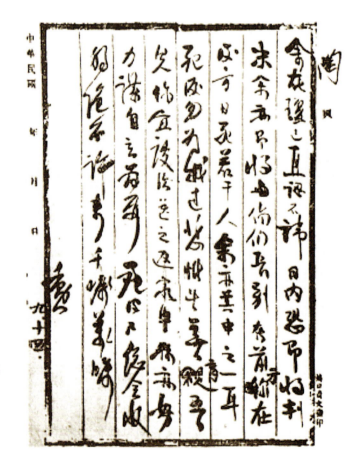

二 学 生 篇

1922年冬,李硕勋(中)赴北京弘达学院求学前与长兄李伯焘(左)、次兄李仲耘合影

李硕勋和赵君陶合影

1925年6月26日,李硕勋(后排左四)在上海主持召开中华全国学生联合会第七次代表大会留影

李得钊（1905—1936），又名林子明，浙江永嘉人。1924年，加入中国社会主义青年团。1925年7月，进入上海大学社会学系学习。1925年，加入中国共产党，赴莫斯科东方大学学习。1927年2月回国，受共产国际和中共中央委派在广州、武汉、南昌等地为莫斯科东方大学招收学员。1928年，在共青团中央工作，任《红旗》杂志编辑。1930年，在中共中央特科秘书处工作。1933年，在中共中央特科总务部、上海中央局工作。1934年6月被捕，1936年在南京就义。

李得钊烈士永垂不朽

杨尚昆

1988年2月，杨尚昆为李得钊烈士题词

李清漪（1902—1927），字泮溪，山东沂水人。曾就读于临沂山东胜利第五中学和济南育英中学。1923年，进入上海大学中国文学系学习，后转入社会学系。1924年，加入中国共产党。是马克思主义在沂水最早传播者、沂水县党组织创建人之一。五卅惨案后，在上海总工会工作。后根据党组织安排，随于右任北上策应北伐，从事军运工作。1927年5月被捕，同月23日在济南就义。

二　学　生　篇

李敬泰（1901—1974），又名品先，陕西渭南人。1921年，就读于天津南开大学。1923年8月，进入上海大学社会学系学习。1925年5月，加入中国共产党；同年6月，与同学王环心等11人到河南辉县从事兵运工作。1927年3月，任中共西安第二部委书记。1928年，参加渭华起义。新中国成立后，任西北军政大学教员、长安二中校长、陕西省图书馆历史文献部主任等。

1925年4月12日，《民国日报》副刊《觉悟》发表李敬泰《敬告全国民众》一文

1925年2月8日，《民国日报》副刊《觉悟》发表李敬泰《列宁主义与世界革命》一文

李锦蓉（1909—1999），广西平南人，生于菲律宾马尼拉。李炳祥胞妹。1924年9月，进入上海大学中学部学习。1925年，加入中国共产主义青年团，参加过接待宋庆龄、何香凝的活动；同年，赴莫斯科中山大学学习。1982年7月，在北京接待过有关人员访问，有《回忆上海大学》访问记录稿。1999年在北京病逝。

杨士颖（1903—1931），又名式颖，化名再我，河南南阳人。1921年就读于浦东中学，1923年转入开封圣安德列学校学习。1924年，进入上海大学英国文学系学习，其间加入中国共产党。1926年5月，参与组建南阳第一个党组织中共南阳支部，任支部书记，负责青运工作。1927年春，赴武汉加入国民革命军第二方面军教导团，参加两次北伐；同年12月，随团参加广州起义。1931年夏被捕，同年在广州就义。

二　学　生　篇

杨之华（1900—1973），又名杜宁，浙江杭州人。1919年，就读于浙江省立女子师范学校并参加五四运动。1922年，加入中国社会主义青年团。1924年，进入上海大学社会学系学习；同年，加入中国共产党。1925年，任上海各界妇女联合会主任，参加五卅运动。1927年，参加上海工人三次武装起义；同年，在中国共产党第五次全国代表大会上当选中央委员。1928年，赴莫斯科参加中国共产党第六次全国代表大会，后进入莫斯科中山大学特别班学习。1935年，赴苏联参加共产国际第七次代表大会，任国际红色救济会常务委员。1941年回国，在新疆被捕，1945年出狱后，赴延安任中共中央妇女委员会委员、中共晋冀鲁豫中央局妇女委员会书记。新中国成立后，任全国妇联国际部部长、副主席，全国总工会女工部部长。1962年，在中国共产党第八次全国代表大会第十次会议上当选中共中央监察委员会委员、候补常委。为第一、第二届全国人大代表和第三届全国人大常委会委员，第一、第二届全国政协委员。"文革"中受迫害致死，1979年平反昭雪。

2021年11月，上海大学聘请瞿秋白、杨之华之女瞿独伊任上海大学第三届董事会名誉董事。

1928年，瞿秋白、杨之华夫妇参加中国共产党第六次全国代表大会后在苏联南方参观时合影

1929年，瞿秋白、杨之华夫妇与女儿瞿独伊在莫斯科合影

1952年，杨之华（后排左三）与全国工业劳动模范五一观礼代表合影

杨达（1902—1928），原名先达，字闻非，四川彭州人。1924年4月，就读于上海同济大学医科班。1925年初，进入上海大学社会学系学习；同年，加入中国共产党。1926年，根据党组织安排赴黄埔军校工作，不久参加北伐。1927年初，在朱德领导的国民革命军第3军军官教导团任参谋长兼秘书，朱德兼任南昌市公安局局长后，杨达又在公安局任秘书。在南昌起义中开展兵运工作，起义部队撤离后，在丰城和南昌一带从事党的地下工作。1928年2月被捕，在南昌就义。

杨志云（1899—1975），又名念平，河北滦县人。1924年1月，加入中国社会主义青年团；同年，进入上海大学社会学系学习。后任团中央秘书。1925年1月，赴大连组建社会主义青年团大连地方委员会，任书记。1926年1月，加入中国共产党员，任中共大连特别支部书记。1927年6月在奉天领导工人罢工斗争时被捕，出狱后与党组织失去联系，1975年在滦县病逝。

二 学 生 篇

杨觉天（1904—1970），又名耀，陕西南郑人。1923年，进入上海大学社会学系学习。1924年，经于右任介绍入黄埔军校学习，毕业后留校任教导团副排长、连长等。1926年，参加北伐，任国民革命军第2师第4团少校营长。1935年，任第17路军独立第3旅旅长。1937年，任第38军第177师参谋长兼第529旅旅长。抗日战争全面爆发后，在山西参加抗战。1940年，任陕西省国民军训委员会军官训练班副主任。1949年，任第18绥靖区参谋长；同年11月，任陕西绥靖总司令部参谋长；同年12月，在四川绵阳脱离部队潜赴成都与解放军取得联系。1951年，进入西南军区高研班学习，任四川军区参议。

杨振铎（1905—1933），字警轩，化名金铎，山西芮城人。1925年，加入中国共产党。1926年，经党组织推荐进入上海大学社会学系学习，其间任上海大学共青团支部书记。1927年3月，参加上海工人第三次武装起义。曾任共青团江苏省委书记、上海沪中区行委书记等。1930年4月，在上海主持召开沪中区行委会议时被捕，1933年4月在南京就义。

杨振铎烈士证书

杨溥泉（1900—1927），原名本祖，又名文渊，号宗光，安徽六安人。1920年秋，就读于安庆省立第一甲种工业学校。1923年，加入中国社会主义青年团；同年秋，就读于芜湖省立第二甲种农业学校。1924年春，进入上海大学社会学系旁听；同年4月，根据党组织安排，赴黄埔军校学习，为第一期学员；同年，加入中国共产党。北伐期间，任国民革命军第四军营长、副团长。1927年8月参加南昌起义，同年9月在进袭广东潮州时牺牲。

吴开先（1899—1990），上海青浦人。早年就读于上海东亚同文书院，后进入上海大学社会学系学习。1928年起，任国民党上海特别市执行委员会和监察委员会常务委员、国民党政府立法委员、中国民众训练委员。抗日战争期间，任国民党中央组织部副部长。抗日战争胜利后，任上海社会局局长兼市党部委员。是CC系重要骨干。1990年在台北病逝。

于右任书赠吴开先

吴霆（1905—1937），又名天喟，字晓天，安徽凤台人。吴云、吴震胞弟。毕业于南京成美中学。1923年夏，进入上海大学社会学系学习；同年，加入中国共产党。在上海大学学习期间，担任平民学校国语课程教员、上海大学平民学校委员会委员并负责学校庶务。1924年下半年，根据党组织安排，赴奉天从事革命工作。1925年9月，任中国共产主义青年团奉天特别支部第一任支部书记；同年10月，兼任中共奉天支部书记。1926年10月，任共青团北满地委书记。1929年夏，任中共大连特别支部宣传委员。1933年在天津被捕，抗日战争全面爆发后获释，返乡途中在定县病逝。

吴震（1904—1931），安徽凤台人。吴云胞弟，吴霆胞兄。1923年夏，进入上海大学英国文学系学习；同年，加入中国共产党。1924年暑假，回家乡秘密进行党团组织的创建工作，参与创建中共淮上中学补习社支部，直属中共中央领导。1925年，赴黄埔军校学习。1926年赴苏联学习，1929年回国赴鄂豫皖革命根据地工作。1931年，因张国焘的错误路线遭杀害。

吴震参与创建的中共淮上中学补习社支部

吴维中（1902—1937），又名芗生，江苏武进人。1925年，进入上海大学学习并加入中国共产党。根据党组织安排赴黄埔军校学习，为第四期学员。1926年7月，参加北伐。1927年，参加南昌起义，任第24师第71团军需官；同年10月，任中共武进县委常委兼军委书记。1933年春被捕，抗日战争全面爆发后获释，在赴延安途中遇难。

吴谦（1905—1992），又名力生，浙江松阳人。1921年，就读于浙江省立第十一师范学校。1924年，进入上海大学学习。1925年春，加入中国共产党。后长期在上海从事翻译工作。新中国成立后，在上海新文艺出版社等处工作。

吴振鹏（1906—1933），字季冰，化名静生，安徽怀宁人。1923年，在安徽省立第一师范学校学习期间加入中国社会主义青年团。1925年，经党组织推荐进入上海大学社会学系学习。1925年夏，加入中国共产党。1927年4月，任共青团江西省委书记。1928年6月，赴莫斯科参加中国共产主义青年团第五次全国代表大会并当选团中央委员。1929年，任共青团江苏省（兼上海市）委书记、团中央宣传部部长。1930年7月，任江苏省总行动委员会委员、主席团成员；同年8月，任中央总行动委员会委员；同年10月，任中共中央苏维埃区域中央局委员。1933年5月被捕，同年6月在南京就义。

吴祥宝（1904—1933），又名静焘，江苏武进人。中国共产党党员。曾就读于上海大学中学部。四一二反革命政变后，与丈夫余泽鸿一起工作。后赴中央苏区任建宁中心县委宣传部部长、妇委书记。1933年牺牲。

吴云（1903—1978），安徽凤台人。吴震、吴霆胞兄。1923年夏，进入上海大学社会学系学习；同年，加入中国共产党。1924年暑假，回家乡秘密进行党团组织的创建工作，参与创建中共淮上中学补习社支部，直属中共中央领导。1930年12月，任中共凤台县委书记。1947年，任凤台县副县长。1978年12月在合肥去世。

吴绍澍（左）与于右任合影

吴绍澍（1905—?），字雨生、雨声，上海松江人。曾就读于上海大学社会学系。曾任中国国民党上海市党部组织部主任、中央组织部干事、平汉铁路特别党部筹备委员会委员、汉口市党部主任委员等。1937年4月1日，任中国国民党第五届中央民众训练部委员。1938年夏，任三青团上海支团部书记。1939年冬，任中国国民党上海市地下党部主任委员，其间任国民政府军事委员会第六处少将处长、中国国民党中央宣传部委员。1942年2月，特派为监察院江苏区监察使。1943年，在三青团第一次全国代表大会上当选中央干事会干事。1945年5月，当选中国国民党第六届中央执行委员；同年8月15日，任上海市副市长，20日兼任社会局局长。1946年11月，当选制宪国民大会代表。1947年12月13日，任立法院立法委员。1949年5月，当选立法院立法委员、交通委员会委员。新中国成立后，曾任交通部参事。

二 学 生 篇

邱清泉（1902—1949），原名青钱，字雨庵，浙江永嘉人。1921年，毕业于浙江省立第十中学。1923年8月，进入上海大学英国文学系学习。1924年7月，赴黄埔军校学习，为第二期学员。1926年1月，参加北伐。1934年7月赴德国柏林陆军大学学习，1937年5月回国。抗日战争期间，参加淞沪会战、南京保卫战、昆仑关战役。1948年，任国民党军第二兵团司令官。1949年1月在淮海战役中被中国人民解放军击毙。

邱清泉著《建军丛论》书影（1945年）

何成湘（1900—1967），名敬州，又名忠汉、何湘，四川珙县人。1921年，毕业于宜宾叙属联中。1922年，进入上海大学学习。1924年，加入中国共产党。五卅运动期间，在任弼时安排下，与李硕勋、阳翰笙一起到全国学联和上海学联工作，任全国学联总务处负责人。1926年6月，在第八届全国学联代表大会上当选全国学联总会执委会委员兼秘书长；同年冬，任共青团江浙区委秘书长。1927年3月，任共青团湖北省委组织部部长。四一二反革命政变后，任共青团江苏省委书记、顺直省委书记。九一八事变后，任中共满洲省委组织部部长、代理中共满洲省委书记。抗日战争期间，根据党组织安排，任国民政府军事委员会政治部第三厅上校主任、文化工作委员会主任。1945年8月，任中共代表团副秘书长参加重庆谈判。解放战争期间，任中共中央城工部秘书、中共中央统战部第一室副主任。新中国成立后，任国务院宗教事务局局长、甘肃省副省长兼省工委秘书长。1967年9月在兰州去世。

何秉彝（1902—1925），字念兹，四川彭州人。1921年，毕业于成都工业专门学校。1924年初，进入上海大同大学学习；同年7月，转入上海大学社会学系学习；同年10月10日，与同学黄仁、郭伯和等一起参加纪念辛亥革命胜利13周年的国民大会，遭到围攻殴打，黄仁被国民党右派唆使的流氓打伤致死。1925年初，任上海学生联合会秘书、共青团上海地委组织主任；同年3月，加入中国共产党；同年5月30日，为揭露日本资本家枪杀中国工人顾正红真相，在演讲中遭英国捕头枪击身受重伤，第二天因抢救无效身亡。

何秉彝转学到上海大学，曾引起父母的疑虑和不满，何秉彝在致父母的信中说明他弃"大同"就"上大"的原因：上海大学是"顶好的学校，信服它的社会科学是十分完善。它的组织和它的精神，皆是男所崇拜而尊仰的，……所以男要往它，并不是盲从，并不是受谁的支配、吸引，更不是因男留恋上海而住上海大学的，实在是男个人的意志的裁判和解决与鉴定"。

1924年，"彭县旅沪学会"部分成员在上海公园合影，左二为何秉彝

二　学生篇

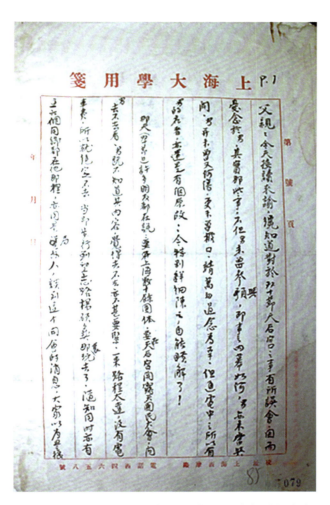

何秉彝在上海大学读书时的家书

1925年6月3日,上海大学四川同学会发出《为烈士何秉彝君惨遭英人枪杀泣告全国同胞》,将五卅惨案真相公之于众

何挺杰（1908—1966），字亚尘，陕西南郑人。何挺颖胞弟。早年就读于汉中联立中学。1923年，进入西安成德中学学习并加入中国社会主义青年团。曾在上海大学学习。1925年，加入中国共产党。1926年初，任共青团西安地委组织部部长。1927年3月，出席中共陕甘边区第一次代表会议，成为边区领导成员之一；同年7月11日，中共陕西省委成立时当选省委委员，后改任中共渭南县委书记兼东路特派员。1928年初，在上海开办长风书店继续从事革命工作。1929年10月，赴日本东京法政大学经济系学习。九一八事变后回国，任南京国民政府监察院院长于右任书记官。新中国成立后，在北京辅仁大学任教，加入中国民主同盟。1952年，任北京师范大学经济系教授。1957年，被错定为"右派分子"和"反革命分子"。1981年3月平反昭雪。

何洛（？—1927），又名大同、幻生，重庆涪陵人。上海大学社会学系学生，参加上海工人三次武装起义，是第三次武装起义胜利后成立的上海特别市临时政府委员。四一二反革命政变后被捕遇害。

1927年3月23日，上海特别市临时政府召开第一次执行委员常务会议合影（前排左起：何洛、王景云、罗亦农、王小籁、杨杏佛、汪寿华；后排左起：林钧、侯绍裘、顾顺章、郑毓秀、丁晓先、王汉良）

二　学　生　篇

何挺颖（1905—1929），中国工农红军高级指挥员。字策庸，陕西南郑人。何挺杰胞兄。1924年5月，毕业于汉中联立中学；同年秋，进入上海大同大学数学系学习。1925年，进入上海大学社会学系学习；同年冬，加入中国共产党。1926年初，根据党组织安排，任工人夜校教师；同年夏，根据党组织安排，任国民革命军第8师团指导员，参加北伐。1927年6月，任武汉国民革命军第二方面军总指挥部警卫团干部连排长、连党代表；同年9月，参加湘赣边界秋收起义。三湾改编后，任第1团党代表。1928年4月，任红四军第31团党代表，后参加黄洋界保卫战。1929年1月跟随毛泽东、朱德率领的红四军主力转战赣南闽西，14日在江西大庾战斗中负伤，15日牺牲。

何挺颖在和工人群众接触过程中，将对工人的认识和感情写进题为《赠陆阿毛》的诗中："我不过仅仅教你认识了几个字，你却教我懂得了不少的事。我照着书本给你讲'阶级斗争'，你的行动却讲得多么有声有色。在过去无产阶级对于我只是一个概念，今天啊！我才认识了你们这一伙英雄好汉。你们是天生的革命战士，我多荣幸做了你们的同志。"

1997年5月，上海大学校长钱伟长在为学生作报告时曾介绍过何挺颖和李硕勋这两位老上海大学的学生："没有他们的牺牲，没有那么多革命志士的奉献，我们上海大学提不出那么响亮的名字，这是我们上海大学的光荣。"

何挺颖手迹

位于汉中市南郑区城关镇何家湾村的何挺颖故居

何尚志（1897—1931），笔名上止，陕西铜川人。1919年，就读于三原渭北中学。1923年秋，进入上海大学中国文学系学习；同年冬，加入中国社会主义青年团。1924年，加入中国共产党。五卅运动后，根据党组织安排，任国民革命军第一军苏联顾问团翻译。1926年10月赴莫斯科中山大学学习，1930年奉调回国。1931年1月，参与创建鄂北苏区，任红九军第26师参谋长。在鄂北枣阳指挥战斗中负伤被捕后就义。

1923年年11月，康有为应陕西督军刘镇华之邀到西安讲学，鼓吹尊孔复古。何尚志得知此事，立即给上海大学代理校长邵力子和《民国日报》写信，对康有为进行公开抨击。

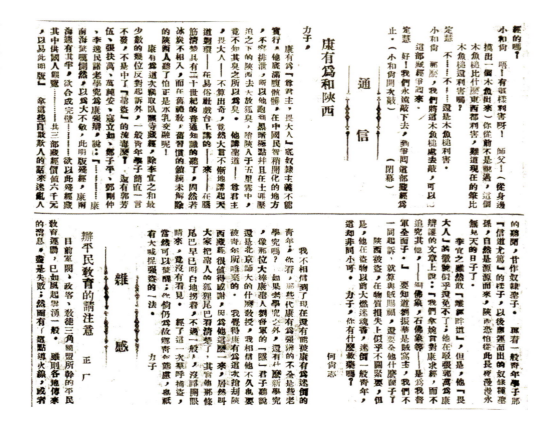

佘埃生（1896—1932），又名爱生、佘惠，湖南慈利人。1923年，进入上海大学英国文学系学习并以半工半读的形式在大学部任义务书记。后赴广州参加北伐并加入中国共产党。参加南昌起义、百色起义。1931年，随红七军进入湘赣边根据地。1932年，在中央苏区的"肃反"扩大化中遇害。1945年，平反昭雪，追认为烈士。

佘埃生烈士证书

余仁峰（1900—1966），又名虞廷，笔名庸夫、虞廷，浙江天台人。1923年，进入上海大学社会学系学习。1927年11月，加入中国共产党。曾任中共南区区委书记。1928年5月，参加三门亭旁起义，失败后在三里宋村建立党支部，领导当地农民运动。后赴南洋从事报刊宣传工作。抗日战争期间，在国内参加抗日救亡宣传工作。1966年在天台去世。

1924年4月18日，《益世报》刊登余仁峰《时事谐咏》一文

余泽鸿（1903—1935），原名世恩，字因心，四川长宁人。1921年，就读于泸州川南联合县立师范学校，其间受教师恽代英影响，加入中国社会主义青年团并任团支部书记。1923年，进入四川外语专科学校学习。1924年9月，进入上海大学社会学系学习。1925年春，加入中国共产党，任上海学联党团书记。1927年2月，在中共上海区委全体会议上当选学生运动委员会主任；同年3月，负责训练上海学生军，协助组织上海工人第三次武装起义。四一二反革命政变后，任中共湖北省委秘书长。1928年初任中共中央组织部秘书，1929年夏接替邓小平任中共中央秘书长。长征开始后，任中共中央直属纵队干部团政治科长兼上级干部团政委。1935年2月，任中共川南特委宣传部部长、游击队政治部主任，后任中共川南特委书记、川滇黔边区特委书记、游击纵队政委；同年12月在战斗中牺牲。

1924年12月29日，《民国日报》副刊《觉悟》刊登恽代英《我的研究社会科学方法》演讲稿，由余泽鸿记录

1924年12月30日，《民国日报》副刊《觉悟》刊登瞿秋白《社会科学与社会科学研究会》演讲稿，由余泽鸿记录

《学生杂志》1925年第3期刊登余泽鸿《研究社会科学的方法》一文

二　学　生　篇

邹均（1900—1930），原名师守遵，又名邹遵，号复良，陕西富平人。1923年夏，加入中国共产党。1924年初，进入上海大学社会学系学习。1925年1月，与陕西籍同学一起以上海大学陕西同乡会名义创办《新群》，宣传革命，传播马克思主义；同年，根据党组织安排，到国民军二军驻京办事处从事对外联络工作，做中共北方区委负责人李大钊、赵世炎和胡景翼之间的沟通联络工作。1926年春赴莫斯科中山大学学习，同年秋回国后受李大钊指派赴奉军从事兵运工作。1927年4月，任国民军联军驻陕总部驻武汉全权代表。1928年赴苏联学习，同年底回国。1930年夏，任中共河南省委军委书记。因反对"左"倾错误路线，抵制组织中心城市武装暴动而遭撤职，被开除党籍，但继续努力为党工作。1930年秋，率部开展游击战争时在河南新乡牺牲。1931年经杨虎城将军安排，遗骸运回西安葬于南郊兴善寺旁，新中国成立后移入西安革命烈士陵园。

汪佑春（1898—1933），字泽鉴，号子华，江西上饶人。1922年，进入上海东南高等专科师范学校学习，后转入上海大学，其间参加五卅运动。1926年，经方志敏介绍加入中国共产党。1927年，参加南昌起义。起义军撤离南昌时，回家乡开展革命工作，建立上饶县第一个党组织——中共革坂小组并任组长。1930年，任中国工农红军第10军某营政治委员。1933年在"肃反"扩大化中遇害，新中国成立后平反昭雪。

沙文求（1904—1928），又名仲巳、端巳，化名史永，浙江宁波人。1924年夏，毕业于宁波效实中学。1925年春，进入上海大学社会学系学习，其间参加五卅运动。1925年上海大学校舍被武力封闭后转入复旦大学，同年冬辍学回乡后加入中国共产党。1926年初，在家乡沙村建立第一个党组织并任支部书记；同年7月，赴广东大学哲学系学习并开展学运工作。1927年，任广东大学共青团支部书记；同年11月，参加广州起义。1928年8月被捕，在广州红花岗就义。

沙文求烈士证书

沙文求（中）与兄沙孟海（左）、弟沙文汉夫人陈修良合影

二　学　生　篇

沈方中（1900—1932），原名梧珍，浙江长兴人。1922年，毕业于湖州女子师范学校。1925年进入上海大同大学学习，同年9月转入上海大学社会学系。1926年，深入杨树浦、吴淞、闸北等工人居住区从事青年妇女工作。1927年春，加入中国共产党；同年3月，参加上海工人第三次武装起义。1928年，任中共东台县委委员。1929年，在共青团江苏省委和中共中央机关工作。1932年9月被捕，12月在狱中病逝。

宋桂煌（1903—1987），笔名伯明，祖籍江苏苏州。1923年，进入上海大学英国文学系学习。曾任无锡江苏省立教育学院成人心理研究室助理研究员、浙江大学图书馆馆员、《苏中日报》副总编辑、《时与潮》《时事评论》编辑等。新中国成立后，任上海市政府调查研究室研究员、上海文艺出版社文艺室编辑。1953年，加入中国作家协会。有《上海大学琐忆》回忆文章发表。

宋桂煌著《文学研究法》书影（1931年）

张仲实（1903—1987），中国马列主义著作翻译家。原名安人，笔名任远、实甫等，陕西陇县人。1922年夏，就读于陕西省立甲种工业学校。1924年，加入中国社会主义青年团。1925年，加入中国共产党，任中共渭北特别支部书记。1926年，进入上海大学社会学系学习，同年赴莫斯科东方大学学习，后转入莫斯科中山大学。1930年回国，在唐山任中共京东特委宣传部部长。1931年，在上海从事进步文化活动和马克思主义理论传播工作。1935年，任生活书店总经理，后兼理事会主席。1940年赴延安，任马列学院编辑部主任、中宣部出版科科长等。新中国成立后，任中共中央马恩列斯著作编译局副局长、顾问，为中国科学院哲学社会科学部委员，第四、第五届全国政协委员，第六届全国政协常委。1987年2月在北京病逝。

张庆孚（1901—1968），江苏江阴人。1916年，就读于江苏省立第三师范学校。1923年前后，进入上海大学英国文学系学习，其间参与创建上海大学学生社团孤星社，任上海大学平民学校校长。1925年，加入中国共产党。1926年8月，任黄埔军校第六期营政治教官。为宋时轮入党介绍人。四一二反革命政变后，从事兵运工作。1932年，在中央特科从事情报工作。1934年10月，赴陕北开展根据地建设工作。解放战争时期，任中国人民解放军东北军区后勤部秘书长，东北军区军需学校政治委员、党委书记，东北军区、中南军区政治部主任。新中国成立后，任林垦部党组副书记、国家林业部副部长等。1968年8月在北京去世。

1947年6月，张庆孚（中坐者）与军需学校一期女生合影

二 学 生 篇

张应春（1901—1927），原名蓉城，字秋石，江苏吴江人。1922年，毕业于上海中国女子体育专门学校，后在松江景贤女子中学等校任教。1925年8月，任国民党江苏省党部执行委员兼妇女部部长；同年，进入上海大学学习；同年11月，加入中国共产党。1926年3月，创办并主编《吴江妇女》。1927年4月赴南京从事革命工作，4月10日夜参加中共南京地委紧急扩大会议时被捕，数日后牺牲。

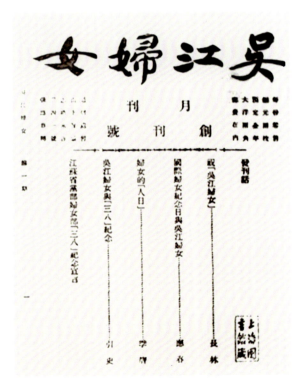

《吴江妇女》创刊号

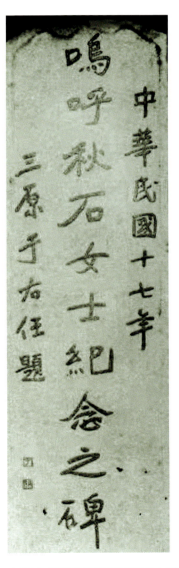

由于右任题写的张应春烈士墓碑

张其雄（1902—1926），湖北广济人。1922年，经董必武、李汉俊介绍加入中国共产党。曾在上海大学社会学系学习。1924年5月，被中共汉口地委选送并经于右任保荐进入黄埔军校学习，为第一期学员。1925年后，参加东征、北伐，任国民革命军第8军政治部副主任兼秘书长、政治部党代表、授陆军少将军衔。1926年10月在前线病逝。

张景曾（1898—1937），河北蠡县人。1922年，任保定第二师范学校教员；同年，加入中国社会主义青年团。1923年3月，任西安第三中学教员；同年秋，进入上海大学学习；同年11月，加入中国共产党。1924年1月赴苏联学习，1925年初回国后在上海党中央机关工作；同年，任共青团信阳地方执行委员会书记。1926年2月，任中共豫陕区委委员，负责宣传委员会工作。1927年，任中共河南省委代理书记、省委常委、秘书长兼宣传部部长及豫中特委书记。1928年，任中共河南省委书记。1929年5月，赴莫斯科中国劳动大学学习；同年秋，被错定为"托派分子"，开除党籍。1937年12月10日，被苏联错误枪决。1989年4月29日，苏联为其平反昭雪。

二 学 生 篇

张治中（1890—1969），中国爱国民主人士。原名本尧，字文白，安徽巢湖人。1916年12月，毕业于保定军官学校。1917年，赴广东参加护法运动，后任川军第五师少校参谋、第三独立旅参谋长。1923年，进入上海大学随瞿秋白学习俄文。1924年初，任黄埔军校教官、学生队总队长。1926年，参加北伐。1932年1月，任第五军军长兼京沪警备司令官，参加一·二八淞沪抗战。1936年11月，上海大学同学会在南京召开第一次理事会，当选监事长。1937年8月，任第九集团军总司令，参加指挥八一三淞沪抗战；同年，任湖南省主席。抗日战争后期，作为国民党方面代表参加国共谈判，维护国共合作。抗日战争胜利后，迎送毛泽东到重庆与蒋介石谈判。兼任新疆省主席期间，营救狱中的共产党员和爱国民主人士。1949年，任国民党首席代表，与中国共产党代表在北平举行和平谈判。谈判破裂后留在北京，不久又促进了新疆的和平解放，被授予一级解放勋章。新中国成立后，任西北军政委员会副主席、全国人大常委会副委员长、国防委员会副主席、民革中央副主席等，为全国政协常委。1969年4月在北京病逝。

> 张治中回忆："有一次，'上大'开纪念苏联十月革命的会，我听到于右任的讲演、瞿秋白的讲演，都是推崇社会主义苏联的话，更使我心向往之。"

1924年，张治中在黄埔军校

1947年3月8日，张治中（左）由北京飞返迪化，于右任（中）、邵力子等在机场送行

张崇文（1906—1995），浙江临海人。张崇德胞弟。1923年，就读于杭州法政专门学校。因参加五卅运动，与黄玠然、周泽等被学校当局开除。1926年，经李硕勋介绍进入上海大学社会学系学习；同年10月，加入中国共产党并参加上海工人第一次武装起义；同年11月，回家乡与张伯炘、陈赓平等一起创建中共临海县特别支部并任支部书记。1927年4月，任中共杭州中心区委书记；同年8月，赴莫斯科中山大学学习。抗日战争全面爆发后，任中共临海临时工作委员会书记。1938年5月，参加新四军，任新四军第一师宣传部部长、苏浙军区政治部宣传部部长。解放战争期间，任华中野战军随营干校校长、华东军政大学教育长、华东野战军第七纵队政治部主任、第25军政治部主任、华东军政大学政治部副主任等。新中国成立后，任第三步兵学校副政治委员、铁道兵政治部副主任。1955年，被授予少将军衔。1995年9月在北京病逝。

张崇德（1903—？），浙江临海人。张崇文胞兄。毕业于上海澄衷中学。1924年，进入上海大学英国文学系学习兼中学部英文教员。五卅运动期间，加入中国共产党。参加上海工人三次武装起义。四一二反革命政变后，赴莫斯科中山大学学习。1930年，苏联"肃反"扩大化时被捕后失踪。

　　1937年4—5月间，张崇德同志还有信寄回家说："过着苦难的生活，但相信总有回国回家团聚的一天。"家里即回他一信，可是以后就再也没有他的音讯了！（张忠良、陈希镯主编：《临海英烈》，杭州大学出版社1998年版，第18页）

二　学生篇

张琴秋（1904—1968），中国工农红军高级指挥员。又名梧，浙江桐乡人。1923年底，进入上海大学社会学系学习，其间参加平民女校工作。1924年11月，加入中国共产党。1925年11月，赴莫斯科中山大学学习。1931年4月，赴鄂豫皖苏区任苏维埃学校校长、红四方面军第73师政治部主任、红四方面军总政治部主任等。1934年1月，当选中华苏维埃共和国中央执行委员。后任中共川陕省委妇女部部长、红四方面军总政治部部长等。1936年11月，任西路军政治部组织部部长。1937年，在西路军突围中被俘，后经营救出狱回延安。曾任中国人民抗日军事政治大学女生大队大队长、中国女子大学教务处处长、中共中央妇女委员会委员、纺织工业部副部长。为第一届全国政协委员、第一至第三届全国妇联执行委员。1968年4月在北京去世。

张琴秋（右二）与孔德沚（右一）、杨之华（右三）、沈雁冰在北京合影

张琴秋与丈夫沈泽民

1937年8月，张琴秋（前排左一）与夏之栩（前排左二）、熊天荆（前排左三）、帅孟奇（前排右二）、吴仲廉（前排右一）等在南京八路军办事处院内合影

1948年秋，张琴秋（前蹲者）与邓颖超（右四）、张秀岩（左三）、康克清（右五）及中共中央妇委机关干部在河北平山合影

张弦（1898—1936），现代中国美术界先驱者之一。字亦琴，浙江青田人。1923年，毕业于上海大学美术科。20世纪20年代初，赴巴黎美术学院学习西画，毕业后留校任教。回国后任上海美术专科学校、国立美术专科学校、南京中央大学艺术系教授。

1930年秋，刘海粟和张韵士夫妇、张弦（左一）、巴黎美专校长阿尔培·裴那、傅雷在裴那画室

陈式纯（1903—1935），浙江苍南人。1922年，毕业于温州省立第十中学；同年，进入上海大学学习。1926年春，任镇嵩军军官学校英语教员。1926年11月，加入中国共产党。先后在焦作、武汉、苏州、上海等地进行革命活动，曾任中共江苏省委委员。1932年10月在上海被捕，1935年2月在狱中病逝。

陈式纯（坐者右一）与温州省立第十中学同学合影

二　学　生　篇

陈兴霖与夫人、孩子合影

陈兴霖（1905—1987），又名子坚，江苏铜山人。1925年，加入中国共产党。1926年9月，进入上海大学学习。后参加北伐，任国民革命军第24师政治部主任。参加南昌起义，随军南下时任潮州革命委员会行政委员长，起义部队主力被打散后在朱德为副军长的第9军任后勤部部长。1928年5月，到杨虎城部队。曾任宣传处处长、南阳守备司令部办公室主任、长安县县长、西安绥靖公署办公厅主任等，后与党组织失去联系。抗日战争期间，任第38军参谋长。解放战争期间，参与策划长沙起义并赴香港做统战工作。新中国成立后，曾在全国政协工作。1987年在北京病逝。

陈伯达（1904—1989），原名声训，曾用名建相，字尚友，福建惠安人。1924年9月，进入上海大学中国文学系学习。1927年，加入中国共产党；同年赴莫斯科中山大学学习，1930年回国。曾任中共北平市委委员、中国大学教授等。1937年，任中共中央党校中国问题研究室主任。新中国成立后，任中共中央宣传部副部长、中国科学院副院长、中共中央农村工作部副部长、《红旗》杂志总编辑。1966年，任中央"文革"小组组长，在中国共产党第八次全国代表大会第十一次全体会议上增补为中央政治局委员并当选常委。1969年，当选中国共产党第九届中央政治局常委（任职至1971年9月）。"文革"期间，积极参与林彪、江青夺取最高权力的阴谋活动。1973年8月，被开除党籍，撤销党内外一切职务。1981年1月，被最高人民法院特别法庭作为"林彪、江青反革命集团案"主犯，判处有期徒刑18年，剥夺政治权力5年。

陈林（1902—1990），原名思隆、前农，四川宜宾人。1919年，就读于成都华阳中学。1925年7月，进入上海大学社会学系学习；同年，加入中国共产党。曾任中共闸北部委组织部部长。1926年，任中共宜宾特别支部书记。1927年，赴南昌参加起义，因路途受阻，转赴广东找到起义部队，从事文书和宣传工作；同年10月，赴莫斯科高等射击学校、步兵学校学习。1930年回国，任中共皖南特委特派员及广德、郎溪、宣城中心县委书记。1937年，任延安联防军区卫生部政治部主任等。1945年，任东北军区总后勤部政治部副主任、东北财经委员会党务处长等。1949年，任中共宜宾地委书记、宜宾专员公署专员、宜宾军事管制委员会主任、宜宾军分区政委。新中国成立后，任中央民族学院党委书记、国家民族事务委员会顾问等。

陈垂斌（1902—1933），广东三亚人。1922年，就读于南京高等师范学校。1924年，进入上海大学社会学系学习；同年，加入中国共产党。根据党组织安排，与同学王文明等在上海成立琼崖青年旅沪社，出版《琼崖青年》。1926年1月，参加国民革命军第二师讨伐琼崖军阀邓本殷；同年6月，任中共琼崖地委委员兼组织部部长，后任中共澄迈县委书记。在澄迈中学成立邓仲（"澄中"的谐音）支部并任支部书记。四一二反革命政变后，回家乡组织武装斗争。1933年2月在战斗中被捕，同年3月就义。

二　学　生　篇

陈明（1902—1941），原名若星，字少微，福建龙岩人。1921年，毕业于福建省立第九中学。1923年，与邓子恢等共同创办进步刊物《岩声》，后赴厦门任教于集美中学、中山中学。1925年秋，进入上海大学，以半工半读的方式在社会学系学习；同年10月，加入中国共产党。1926年7月，参加北伐，在东路总指挥部政治部负责宣传工作并兼任情报股股长。1927年春，任中共龙溪中心县委书记。后任中共闽南特委书记、中共福建省临时委员会书记。1928年9月，赴莫斯科东方大学学习。1931年冬，任红一军总政治部宣传部宣传科科长兼瑞金红军学校教官。1934年10月，参加长征。抗日战争期间，任八路军第115师政治部宣传部部长。1941年4月，任山东省战时工作推行委员会副主任委员兼秘书长；同年11月在沂蒙山区对日作战中牺牲。

陈明烈士与辛锐烈士的合葬墓

陈明（右）与夫人辛锐

武止戈（1902—1933），又名熹祖，陕西渭南人。1922年6月，毕业于天津南开中学。1923年初，参加中国共产党；同年夏，任中国社会主义青年团北京地委书记。1924年初，根据党组织安排，进入上海大学英国文学系学习；同年暑期，赴陕西辅佐王尚德创建渭南赤水中国社会主义青年团支部，协助魏野畴创建西安地区第一个并由团中央直接领导的中国社会主义青年团支部。回校后，赴莫斯科中山大学学习。1932年2月，回国参加抗日斗争，后任中共张家口特委委员。1933年5月，在共产党的帮助和推动下，冯玉祥、方振武、吉鸿昌等在张家口成立察哈尔民众抗日同盟军，吉鸿昌任前敌总指挥，武止戈任参谋长；同年10月13日，在对日作战中牺牲。

范守渊（1906—1988），浙江天台人。曾在上海大学英国文学系学习。1929年，毕业于同德医学院。八一三淞沪抗战时正任上海劳工医院院长，即率领医护人员全力救治抗战军民。上海沦陷后，拒不接受伪职而离开医院。抗日战争胜利后，重回医院任院长。

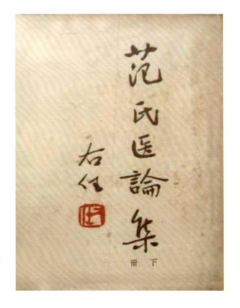

于右任为范守渊著《范氏医论集》题写书名

二 学 生 篇

林剑华（1901—1966），原名景滢，号兼化，福建莆田人。毕业于上海大学中国文学系。1927年，经于右任推荐任江西南昌《国民日报》总编辑。1942年，任国民党莆田县党部书记长，中山中学校董、校长。

于右任书赠林剑华

林木顺（1905—？），又名木森，台湾南投人。1922年就读于台北师范学校，其间积极参加抗日爱国活动，1924年遭学校退学后来到上海，进入上海总工会和赤色救济会工作。1925年6月，进入杭州大学学习，经安体诚和宣中华介绍加入中国共产主义青年团；同年8月，加入中国共产党；同年9月，进入上海大学社会学系学习。1926年12月，赴莫斯科东方大学学习。1927年11月，根据共产国际的安排回国，在上海参加台湾共产党的筹建工作。1928年4月，台湾共产党正式成立，当选台湾共产党"中央委员会"常任委员、"中央常任委员会"书记长并负责组织工作。1931年后失去音讯。

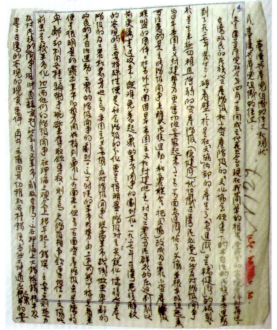

林木顺《台湾共产党组织的经过和现状》手稿

林钧（1897—1944），又名少白，上海川沙人。早年就读于江苏省立第一师范学校，因家贫辍学到南汇、川沙等小学任教。1924年7月，进入上海大学社会学系学习；同年，加入中国共产党。1925年6月11日，上海工商学联合会在南市公共体育场举行市民大会，任大会主席。后任上海学界、工商界五卅烈士丧葬筹备处主任。1926年5月29日，主持上海各界在闸北方家桥举行的五卅烈士公墓奠基仪式；同年12月，任上海市特别市民公会党团书记。1927年3月22日，上海特别市临时政府成立，当选市政府委员兼秘书长，主持市政府日常工作；同年，参加中国共产党第五次全国代表大会。参加南昌起义，在随起义部队南下途中被打散，与部队失去联系后回家乡任中共浦东工作委员会书记、中共淞浦特委宣传部部长等。抗日战争期间，在川沙、崇明等地开展抗日武装斗争。1936年11月17日，上海大学同学会总会召开第一次理事会，林钧任会议主席并当选常务理事。1944年5月遇害。

林钧（右）与上海大学同学郭毅（左）及友人合影

二　学　生　篇

1924年10月10日，上海各界在北河南路（今河南北路）天后宫举行国民大会，纪念辛亥革命13周年。国民党右派喻育之、童理璋等把持大会。林钧与黄仁、何秉彝、郭伯和等上海大学学生参加大会。在与国民党右派斗争中，林钧被喻育之、童理璋等雇来的流氓打成重伤住院，黄仁被推下高台后不治身亡。这就是国共合作时期发生的国民党右派反对孙中山先生联俄、联共、扶助农工三大政策的"黄仁事件"。上海大学教授、共产党员施存统专程到医院探望林钧，并将与林钧的对话记录整理成文，以《林钧被打之报告（存统笔记）》为题，发表在《向导》周报1924年第87期上。

1924年10月26日，《民国日报》刊登林钧《双十节国民大会中一幕惨剧的报告》

1925年6月22日，工部局《警务日报》报道称，五卅运动期间，"罢工运动中最著名最活跃的华人领袖林钧、刘一清、李立三、刘华（沪西工会的组织人）、刘贯之（沪西工会秘书长，在沪西工会所举行的多次会议中，此人是重要人物）、孙良惠（著名共产党人，工部局警务处正在通缉此人）"。林钧成为工部局警务处盯紧的人物。

1929年3月1日，《申报》刊登《警备部通缉林钧》的消息

林淡秋（1906—1981），原名泽荣，浙江三门人。1922年就读于上海大同中学，毕业后进入大同大学。1926年，进入上海大学英国文学系学习。1927年，上海大学被封闭后回家乡，与柔石等宁海籍青年一起在宁海中学义务教书，受柔石影响走上文学创作和翻译道路。1935年，参加中国左翼作家联盟。1936年，加入中国共产党。抗日战争期间，带领上海文化界内地服务团前往江浙皖宣传抗日。1942年，奉命到新四军根据地工作。解放战争期间，任《时代日报》主编。新中国成立后，任《人民日报》副总编辑兼文艺部主任。1958年后，任杭州大学副校长、中共浙江省委宣传部副部长、浙江省文联党组书记、浙江省文联主席等。1981年12月在杭州病逝。有《林淡秋选集》行世。

1922年5月1日，上海大学台州同乡会主办的刊物《台州评论》第四期上刊登林淡秋《我为什么入上大？》一文："我老实不客气说，自从我到上大以来，不过两个月，我觉得我的学问未必在大同时还要进步得慢一点，而同时对于社会的思想，实在要进步得多哩。""总之一句，我要到上大来，并不是像一般人所说的。至少也有两个目的，是（一）受相当的训练，俾得改造黑幕重重的台州；（二）联合革命分子，预备上革命战线上去。"

二　学生篇

林登岳（1898—1979），新中国著名核物理学家。原名登鳌，浙江武义人。1923年9月，进入上海大学中国文学系学习。1925年5月，加入中国共产党。五卅运动期间，在杨树浦、吴淞、浦东、引翔港等地从事工人运动。1926年11月，赴莫斯科中山大学学习。1928年秋，被苏共派到远东斯列井斯工作。1936年在苏联"肃反"扩大化中被捕，在押期间努力钻研尖端科技。1957年，在中共中央干预下回国，任中国科学院技术情报研究所副主任，写成《原子核结构的晶体模型》《关于场作用下的能量质量问题》等科学论文，并参与重大科学实验。1979年9月在北京去世。

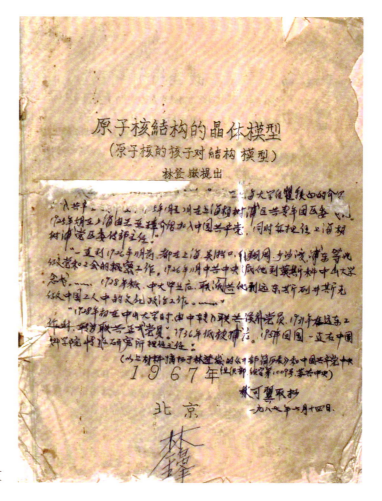

林登岳的核物理论文

尚辛友（1903—1937），又名士英、华友，陕西洋县人。1923年，就读于上海惠灵英文专修学校。1924年，赴黄埔军校学习，为第一期学员；同年，加入中国共产党。后进入广州农民运动讲习所学习。1926年初，进入上海大学学习。1927年3月，参加上海工人第三次武装起义。四一二反革命政变后，回家乡从事党的地下工作。1929年8月，与阎灵初、杨子英等组建中共洋县小组并任组长；同年10月，小组改称特别支部，任特支书记。1930年，根据党组织安排任洋县政府财政局局长。1931年，赴河南开封继续为党工作。在抗日战争中牺牲。

尚辛友烈士证书

二　学　生　篇

罗化千（1901—1986），又名空，号浮云，浙江富阳人。从浙江省立蚕桑学校毕业后，进入上海大学社会学系学习。后参加北伐，在国民革命军总政治部从事宣传工作。九一八事变后，义卖楹联700余幅，所得1000余元捐献给上海赈济东北难民联合会。抗日战争全面爆发后，赴重庆任军政部会计处科长。新中国成立后，参加中国国民党革命委员会，曾任民革江苏省第四届委员会顾问。又应中国科学院农业遗产研究室邀请，参与校勘明代徐光启著《农政全书》。1980年后，任江苏省文史研究馆馆员，为南京市白下区政协委员。1986年3月在南京病逝。

罗世文（1904—1946），原名世闻，四川威远人。1923年夏，加入中国社会主义青年团，为重庆地区最早的青年团员之一。1924年，与杨闇公、萧楚女等发起四川劳工互助社等进步团体，为重庆党组织的建立与发展奠定了基础。1925年，进入上海大学社会学系学习；同年，加入中国共产党并赴莫斯科中山大学学习。回国后，先后任中共四川临时省委宣传部部长、省委军委书记、省委书记，参与领导江津等多地农民暴动和兵变。1933年，赴川陕根据地工作，参加长征。1937年回四川，任中共四川省临时工作委员会书记、川康特委书记。1940年3月在成都被捕。1946年7月，被押解回重庆渣滓洞监狱；同年8月18日在狱中就义。

罗石冰（1896—1931），又名石彬、菁华、庆元，号子实，江西吉安人。1919年，毕业于南昌省立第一师范学校。1924年2月，进入上海大学社会学系学习；同年，加入中国共产党。五卅运动期间，根据党组织安排，在上海总工会工作。1926年1月，受中共中央指派赴江西巡视，领导建立吉安第一个党组织中共吉安小组，隶属中共南昌支部；同年2月，在吉安县塘东第九小学发展胡庭铨、郭士俊、刘秀启、郭家庆、罗万等五人为党员并建立吉安农村第一个党支部中共延福支部；同年3月，领导组建中共吉安特别支部，隶属江西地委。1927年1月，任中共江西区委委员兼吉安地委书记；同年4月，任中共江西区委宣传部部长；同年8月，参加南昌起义。1929年赴莫斯科中山大学学习，1930年回国后任中共青岛市委书记。1931年，因叛徒告密在上海被捕，2月7日在龙华就义。为龙华二十四烈士之一。

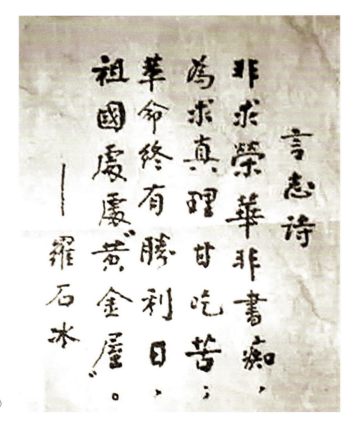

罗石冰所作《言志诗》

二　学生篇

罗尔纲（1901—1997），中国历史学家。广西贵港人。1924年，就读于上海浦东中学特别班。1926年，进入上海大学社会学系学习；同年10月20日，在《民国日报》副刊《觉悟》上发表《石达开故居》一文。1927年，上海大学被武力封闭后，转入中国公学大学部文学系。毕业后，在校长胡适的指导下整理胡适父亲胡传遗集并兼做家庭教师。1931年，随胡适迁居北京。1936年，在北京大学文科研究所任助教兼中央研究院社会研究所助理研究员。1937年，写成《太平天国史纲》。新中国成立后，为中国科学院经济研究所研究员、中国科学院近代史研究所一级研究员，曾主动提出降薪。1958年，《人民日报》刊登其加入中国共产党的消息。1997年在北京去世。有《罗尔纲全集》行世。

罗尔纲在谈到自己为什么会从想做作家而改做历史学家时，说："因为我曾在上海大学读过社会学系，就想用学过的一点社会知识来研究中国上古史，选了春秋时代作为研究对象。"

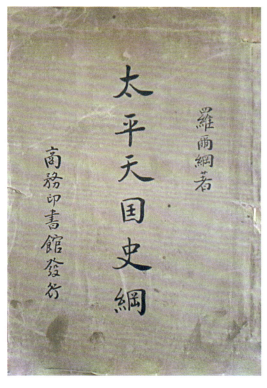
罗尔纲著《太平天国史纲》书影（1937年）

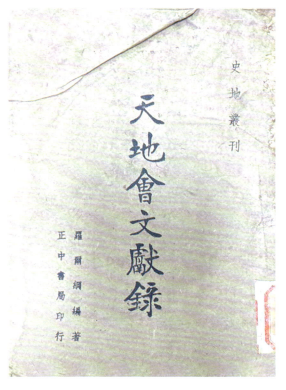
罗尔纲编著《天地会文献录》书影（1943年）

季步高（1906—1928），名大纶，号凌云，笔名布高，浙江龙泉人。1921年，就读于杭州法政专门学校。1922年夏，进入上海东南高等专科师范学校，后转入上海大学中国文学系。1925年6月，赴黄埔军校学习，为第四期学员；同年9月，加入中国共产党。1926年春，根据党组织安排，任中华全国总工会省港罢工委员会工人纠察队训育处训育长，帮助邓中夏培训工人的同时，参加《工人之路》编辑工作。1927年11月，参加广州起义。1928年1月30日，任中共广州市委书记；同年7月被捕，同年冬在广州红花岗就义。

在上海大学学习期间，季步高写信给父亲，介绍东南高等专科师范学校风潮和上海大学成立初期的一些情况："此次风潮之起，由于办事人以学校为营利之场，激起众怒，遂宣言改组学校，结果改东南（高等）专科师范为上海大学，请革命伟人于右任先生为校长，孙文为校董。于先生系前清翰林，民国革命家，曾做过陕西督军，后先生自不愿做，弃职来沪，热心教育事业，出洋三十万，为本校建筑校舍之费。校址拟宋教仁墓旁，明年五月始能成。""总而言之，上海大学与北京大学、中国大学一样资格，办事人则尤热心。"

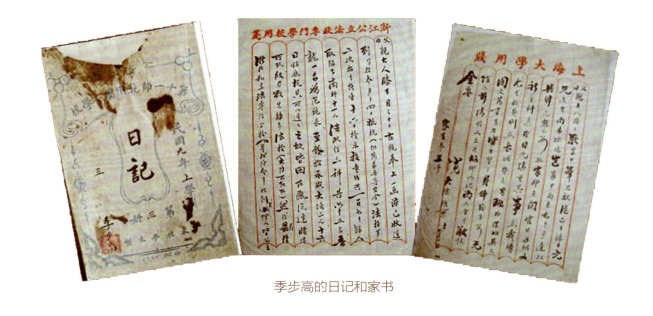

季步高的日记和家书

二　学　生　篇

罗髫渔（1902—1988），笔名陈和山，四川兴文人。1923年，进入上海大学社会学系学习。1925年，加入中国共产主义青年团。1926年，加入中国共产党；同年，任黄埔军校政治教官。参加北伐、南昌起义。后到上海从事党的地下工作，任中共沪中区组织委员、中央交通员、《蜀道通讯社》总编辑、上海印刷总工会党团书记等。1931年被捕，1935年获释。在狱中和出狱后，以陈和山的笔名坚持写作和翻译，后赴香港任《天文台政治评论报》主编。1938年2月，根据党组织安排，赴国民政府军事委员会政治部第三厅从事抗日宣传工作。新中国成立后，任四川大学管委会副主任、川西人民行政公署委员兼新闻出版处处长、西南区中苏友好协会总干事、中国人民大学教授、《教学与研究》总编辑、清史研究所所长，为全国政协委员。1988年1月在北京病逝。

金仲椿（1906—1976），字铸，浙江嵊州人。1923年，毕业于上海南洋中学；同年9月，进入上海大学社会学系学习。1930年，任陇海铁路管理局秘书。1938年，任国民政府军政部兵工署宜昌办事处主任。1948年，任浙江省政府人事处处长。1954年12月，当选民革浙江省第一届委员会副主任委员。1956年，兼任民革浙江省委会对台工作委员会主任、民革专职副主委。1976年在杭州去世。

周大根（1906—1938），原名根发，又名秋萍，上海南汇人。1924年，进入上海大学社会学系学习。1926年，赴黄埔军校武汉分校学习，为第六期学员。1927年5月，参加平定夏斗寅叛乱；参加南昌起义，起义部队被打散后回到浦东；同年9月，加入中国共产党，以小学教师身份为掩护从事党的地下工作。1928年8月，中共南汇县委成立后任县委书记，是南汇第一任中国共产党县委书记。抗日战争期间，任南汇县保卫团第二中队中队长。1938年，在对日作战中牺牲。

南汇县保卫团第二中队队部旧址

周文在（1906—1994），江苏常熟人。1925年2月，进入上海大学中学部学习。1925年12月，加入中国共产党。1926年初，任中共引翔港部委宣传委员；同年2月，与李强一起创建常熟第一个中国共产党组织中共常熟特别支部，隶中共江浙区委直接领导。1926年夏，赴黄埔军校学习，为第六期学员。参加南昌起义后回江南开展党的地下工作。抗日战争期间，任新四军挺进纵队第一团营政治教导员、副营长，苏北指挥部第一纵队军需处处长，苏中泰兴县独立团政治委员，泰兴县委书记，苏中军区第二军分区政治部主任。解放战争期间，任苏中军区政治部组织部部长、华东野战军苏北兵团政治部组织部部长、第十兵团政治部组织部部长。新中国成立后，任第十兵团干部部部长、福州军区政治部副主任、福建省军区副政治委员，为江苏省政协副主席。1955年，获少将军衔。1994年4月在苏州病逝。

二　学　生　篇

周传业（1907—1929），字励久，安徽阜阳人。周传鼎胞弟。1920年，就读于东南大学附属中学。1923年，加入中国社会主义青年团。1924年，加入中国共产党。在阜阳籍共产党员张子珍领导下，与哥哥周传鼎一起创建中国共产党在阜阳地区最早的基层组织中共阜阳小组。1925年7月，进入上海大学社会学系学习。1926年4月，与同在上海求学的三位同乡组建四维社，编辑出版《阜阳青年》半月刊。1927年，根据党组织安排，回家乡从事革命工作。1928年2月，参加党领导的以阜阳为中心的四九起义，点燃皖北的革命烈火。起义失败后，与周传鼎等一起重建中共阜阳临时县委。1929年与周传鼎同时被捕，同年10月在安庆就义。

周传鼎（1905—1929年），字延祚，安徽阜阳人。周传业胞兄。1920年，就读于南京中英中学。1923年，加入中国社会主义青年团。1924年，加入中国共产党。同年，在阜阳籍的共产党员张子珍领导下，与弟弟周传业一起创建中国共产党在阜阳地区最早的基层组织中共阜阳小组。1925年2月，进入上海大学中学部学习。1927年，任中共阜阳县委委员。1928年2月，参加党领导的以阜阳为中心的四九起义，点燃皖北的革命烈火。起义失败后，与周传业等一起重建中共阜阳临时县委。1929年与周传业同时被捕，同年10月在安庆就义。

郑仲武（1900—1956），福建莆田人。毕业于上海大学社会学系。经于右任推荐，任国民党江西省党部特派员。曾任国民党江西省党务指导委员兼考察员、江西省党部执行委员、江西省第四次代表大会秘书长、福建省党部执行委员等。1942年，在莆田公学旧址筹办私立中山中学。1944年，在学校修建右任堂。1948年2月，任国民政府监察院监察委员。1956年在台湾去世。

《宣传周刊》1930年第5期刊登郑仲武《五一底意义》一文

孟芳洲（1905—1933），又名舫洲、瀛洲，陕西洛川人。1923年就读于陕北联合县立榆林中学，不久转入绥德省立第四师范学校。1925年春，转入渭南固市渭阳中学；同年冬，进入上海大学社会学系学习，其间参与编辑《新群》。1926年，加入中国共产党。1927年2月，任中共三原县团地委书记。1929年夏，任中共青岛市委秘书。1932年11月，任中共陕南特委书记，积极创立地方游击队。1933年2月中旬，为军事指挥部成员兼西乡、城固边区苏维埃政府主席和红一团政委。1933年4月被叛徒杀害。

二　学生篇

孟超（1902—1976），原名宪启，字励吾，山东诸城人。1917年，就读于济南省立一中，后因参与学潮被开除。1924年秋，进入上海大学中国文学系学习。五卅惨案后，与同学李宇超、张少卿等一起赴济南宣传五卅运动、介绍五卅惨案真相，后回家乡组织成立五卅惨案后援会。1926年，加入中国共产党。1927年，上海大学被武力封闭后，到全国总工会宣传部工作。1928年初，与原上海大学教授蒋光慈一起组织太阳社。1929年秋，参与筹建中国左翼作家联盟。1930年4月起，任中共上海市闸北区行动委员会宣传委员、上海市总工联宣传部部长。1932年3月在组织沪西纱厂工人罢工时被捕，1933年7月出狱后与党组织失去联系，1948年11月重新加入中国共产党。新中国成立后，任国家出版总署图书馆副馆长、人民美术出版社创作室副主任、戏剧出版社副总编辑、人民文学出版社副总编辑等。为北方昆剧院创作改编的昆曲《李慧娘》公演后受到好评，又因《李慧娘》一剧受到康生等诬陷迫害，1976年去世。1979年3月，平反昭雪。

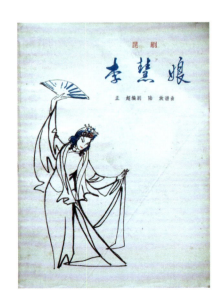

孟超编剧、陆放谱曲昆剧《李慧娘》书影

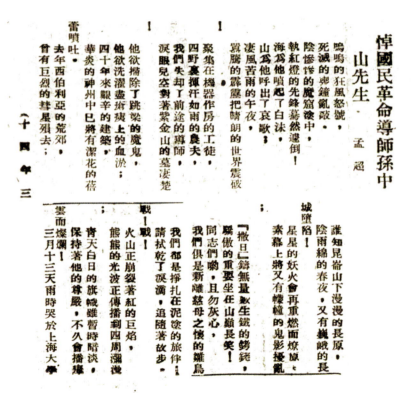

1925年3月16日，《民国日报》副刊《觉悟》刊登孟超《悼国民革命导师孙中山先生》长诗

赵君陶（1903—1985），土家族，原名世萱，又名郁仙，重庆酉阳人。赵世炎胞妹。1919年，就读于北京师范大学附中女子部。1925年4月，进入上海大学社会学系学习。1926年，加入中国共产党；同年冬，任湖北妇女学会宣传部部长。1939年，任重庆第三保育院院长。抗日战争胜利后，任哈尔滨第四中学校长。新中国成立后，先后创办中南试验工农速成中学、天津南开大学工农速成中学，参与创办北京化工学院并任副院长。1985年12月在北京病逝。

赵君陶与儿子李鹏（右一）、女儿李琼在成都合影

1948年，赵君陶与儿子李鹏在哈尔滨合影

二 学 生 篇

赵祚传（1903—1929），云南大姚人。先考入上海同德医学院，后转入上海大学。1926年秋，赴广州国民革命军第三军政治训练班学习并加入中国共产党。1927年初，回云南工作，任云南省特委委员、云南省临委委员、云南省特别委员会书记等。1928年9月被捕，1929年3月在大姚就义。

楚图南为赵祚传烈士题词

胡允恭（1902—1991），又名萍舟、邦宪，安徽寿县人。1920年秋，就读于安徽省立第二甲种农业学校。1923年，进入上海大学社会学系学习；同年，加入中国共产党。1924年暑假，回家乡秘密进行党团组织的创建工作，参与创建中共淮上中学补习社支部，直属中共中央领导。1925年，根据党组织安排赴广州任《革命青年军人联合会》周刊主编。1926年4月，奉调任国民革命军第4军第12师第35团政治指导员；同年6月，随军北伐。1929年秋，任驻烟台中央军事特派员。1930年后，任中共青岛市委宣传部部长、济南市委书记、山东省委宣传部部长、山东省委书记等。新中国成立后，任福建师范学院院长、南京大学历史系教授。1991年6月在南京病逝。有《金陵丛谈》行世。

胡钟吾（1906—2005），安徽绩溪人。曾在上海大学社会学系、群治大学政治经济系、中央农民运动讲习所学习。曾任安徽省政府视察，《皖报》副刊主编，督修东流、铜陵江堤委员，督办阜阳区国防经济建设专员兼亳县建教合作示范区主任等职。1938年，任安徽省宣城县县长。1939年，任泾县县长。1940年，任绩溪中学校长。1941年，任绩溪县参议会议长兼苏浙皖三省政府参议。1948年，当选第一届"国民大会"代表。去台湾后，仍为"国民大会"代表。著作有《民生主义经济学论丛》《西北水利考察纪要》《河南省凿井工程》《皖北平原国防经济建设计划》《督修江淮水利纪要》《宣城抗战史略》《战时泾县行政》《中华民国处变自强之道》等。

胡睦修（1900—1950），浙江庆元人。1922年毕业于处州中学，后进入上海大学学习。1925年3月，赴黄埔军校学习，为第四期学员。参加北伐。抗日战争期间，任第100军第63师第189团团长，参加衡阳保卫战。1947年，因反对内战而退出军界回到家乡。

二 学 生 篇

柯柏年（1904—1985），原名李春蕃，广东潮州人。李春鍏堂兄。1923年，就读于沪江大学社会学系，因翻译列宁《帝国主义论》被学校开除，在瞿秋白、张太雷的建议下转入上海大学社会学系。在上海大学学习期间，加入中国共产党。1925年8月，应广东澄海中学校长杜国庠邀请到澄海中学任教。1925年11月，应周恩来邀请到黄埔军校潮州分校讲课。1926年夏，奉调广州任国民革命军第三军政治教官。四一二反革命政变后，改名柯柏年。抗日战争全面爆发后，赴延安任中央马列学院西方革命史室主任、中央研究院国际问题研究室主任、中央军委外事组高级联络官。抗日战争胜利后，任中共中央外事组研究处处长。新中国成立后，任外交部首任美澳司司长。1955年后，任驻罗马尼亚人民共和国、丹麦王国大使。1981年，任中华人民共和国外交史编辑委员会主任委员。1985年8月在北京去世。主要译著有《社会主义从空想到科学的发展》《哥达纲领批判》《帝国主义论》《社会革命论》《社会问题大纲》《辩证法的逻辑》《法国的革命和反革命》《马恩通信选集》《拿破仑第三政变记》《法兰西阶级斗争》《经济学辞典》等。

在沪江大学学习期间，柯柏年曾将列宁的《帝国主义论》英文版前六章译成中文，发表在《民国日报》副刊《觉悟》上。1924年暑假，上海大学教授、共产党员张秋人邀请柯柏年到以上海大学为主举办的夏令讲学会上作"帝国主义"的讲座，柯柏年也成为这次讲学会讲师中唯一的一名在读大学生。1925年2月，柯柏年翻译列宁的《帝国主义论》前六章以《帝国主义浅说》的书名出版，上海大学教授沈泽民为这本书做了校订工作。

柯柏年编《社会问题大纲》书影（1930年）

钟伯庸（1898—1988），浙江萧山人。毕业于浙江省立第一师范学校。1924年，进入上海大学社会学系学习；同年6月，任国民党绍兴临时县党部执委；同年8月，与韩步先等联名致函省长，提出驱逐杭州一中校长、聘请经子渊的要求。1925年，任上海大学中学部教员。1926年，任上海大学中学部教务主任。1928年，任杭州育婴所主任。1930年，任杭州教育会干事，后任浙江省教育厅社教科科长、杭州教育局局长兼市立中学校长。1946年，任浙江省立第一师范学校教师，参与筹建明远学社、明远中学，任明远中学校董。为中华书局版《辞海》编辑、浙江省文史馆馆员。1981年3月，在杭州接受专访，有《回忆上海大学》记录稿存世。

1926年8月4日，《民国日报》刊登钟伯庸被聘定为上海大学附中教务主任的消息

俞昌准（1907—1928），又名仲则，化名陈青文，安徽南陵人。1925年7月，进入上海大学中学部学习；同年秋，加入中国共产主义青年团。1926年，加入中国共产党；同年8月，经党组织批准，回家乡开展农民运动和党组织建设工作；同年11月，中共南陵县特别支部成立，任宣传委员兼秘书。1927年春，任中共芜湖特支书记。1928年1月，领导成立安徽第一个红色农民运动政权南芜边区苏维埃政府并任副主席。后到安徽大学以学生身份作掩护领导开展学生运动，任中共怀宁县委员兼共青团怀宁县委书记。1928年11月因叛徒出卖被捕，12月16日在安庆就义。

二 学生篇

钟复光（1903—1992），重庆江津人。1919年，就读于四川省立第二女子师范学校。1923年，进入上海大学社会学系学习，其间在向警予领导下从事妇运工作。1924年冬，加入中国共产党。1925年6月，以上海大学学生代表身份赴南京、芜湖、安庆、九江、武汉、长沙、宜昌、沙市、重庆等地宣传五卅运动，说明五卅惨案真相；同年8月完成任务返校，任中共上海区委妇女委员会书记。1926年春，根据党组织安排任黄埔军校武汉分校女生队政治指导员。1927年5月，率领女生队参加平定夏斗寅叛乱。新中国成立后，任北京经济学院图书馆主任、办公室副主任，为全国妇联执委、全国政协委员。1992年在北京病逝。

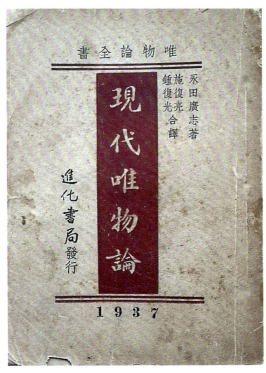

施复亮（施存统）、钟复光合译《现代唯物论》书影（1937年）

钟复光与丈夫施存统、儿子施光南合影

施蛰存（1905—2003），中国作家、翻译家、古典文学学者。名德普，浙江杭州人。1922年，就读于杭州之江大学，其间因参加非基运动为学校所不容而自动退学。1923年9月，进入上海大学中国文学系学习；同年11月，与戴望舒、杜衡等共同发起成立上海大学青凤文学会。1926年3月，与戴望舒、杜衡一起创办《璎珞》旬刊。1927年，到松江任中学教员。后在上海从事文学创作和文学期刊编辑工作。新中国成立后，任华东师范大学教授。1993年，被授予上海市文学艺术杰出贡献奖。2003年11月在上海病逝。有《施蛰存文集》行世。

1923年10月23日上海大学成立一周年之际，《民国日报》副刊《觉悟》刊登施蛰存《上海大学的精神》一文中说："现在上课一个多月了，就我的观察，愈使我感觉到上海大学是有特殊的精神。"在讲到上海大学的学生时说："他们秉着刚毅不拔的勇气，从很远很远的地方赶到这上海大学来，不是来享福；不是来顶大学生招牌。他们是能忍苦求学，预备做建造新中国的工人的。"在讲到上海大学的教授时说："上海大学的教授，主要不是以教授糊口的教授。他们很热心地聚集在上海大学，将他们所研究的专长，指示给他们的学生。在别处学校里，我知道教授的面孔是冷的，而大学教授尤其应当庄严，即使这位教授生性和善，也不得不在授课的时候妆几分的庄严。这样的可笑态度，上海大学的教授中竟一位也找不到。"

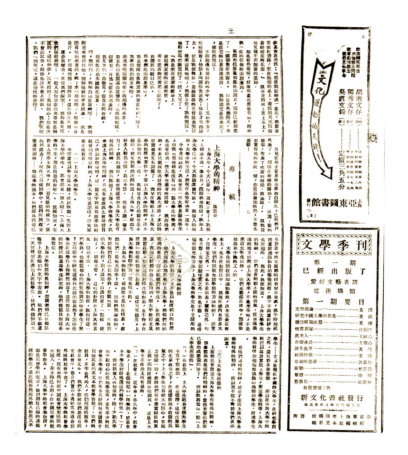

二　学　生　篇

施蛰存著《梅雨之夕》书影（1933年）

施蛰存大学时期留影

1940年，施蛰存（中）与戴望舒（右）、周煦良合影

俞岳（1901—1979），字允文，浙江三门人。浙江省立第六中学毕业后进入上海大同大学学习，后转入上海大学社会学系。1926年，与上海大学同学蒋如琮等一起创建宁海中学并任教务主任。1928年，三门亭旁起义失败后为保护中共地下党员家属而被捕入狱，直到西安事变后才获释放。后长期从事教育工作。新中国成立后，在宁海中学任教。

饶漱石（1903—1975），曾用名梁朴、赵建生，江西抚州人。1924年，进入上海大学学习。1925年，加入中国共产党；同年11月，主持召开上海大学非基督教同盟会成立大会并当选执行委员。曾在赣东北和浙江从事党的地下工作和青年工作。1929年，任共青团满洲省委书记。1930年被捕，1931年出狱。1932年，到上海任中华全国总工会宣传部部长、上海工人联合会党团书记。1935年，赴苏联任中华全国总工会驻赤色职工国际代表。1939年回国，任中共中央东南局副书记、华中局副书记、华中局代理书记兼新四军代理政委。在中国共产党第七次全国代表大会上当选中央委员。后任新四军兼山东军区政委、中共中央华东局书记、华东军区政委。新中国成立后，任中共中央华东局第一书记、华东军政委员会主席、中共中央组织部部长。因被认定同高岗结成反党联盟于1954年中国共产党第七次全国代表大会第四次会议上遭揭露和批判，1955年3月被开除出党，撤销党内外一切职务。此后被长期关押。

▲上大非基督教同盟会成立　本埠上海大学所组织之非基督教同盟，六日午后七时举行成立大会。到会人数三百五十余人。主席饶漱石宣告开会，并报告筹备经过●梁郁华报告宗旨●次通过章程及宣言●并选聚职员●结果饶漱石韩光汉赵全枢刘渶钦孙金鋆五人为该会执行委员●马英狼文爱写候补委员●次由高语罕恽代英杨贤江蔡楚士诸先生讲演●十时余散会

1925年11月8日，《民国日报》刊登《上大非基督教同盟会成立》的消息

二　学　生　篇

姚天羽（生卒年不详），又名天宇，江苏苏州人。1924年，进入上海大学社会学系学习。1936年，参与筹备上海大学同学会总会，总会成立后任候补监事。新中国成立后，在上海市劳动局工作。1960年撰写的《培养革命干部的洪炉——上海大学》刊登于1980年出版的《党史资料丛刊（第二辑）》。

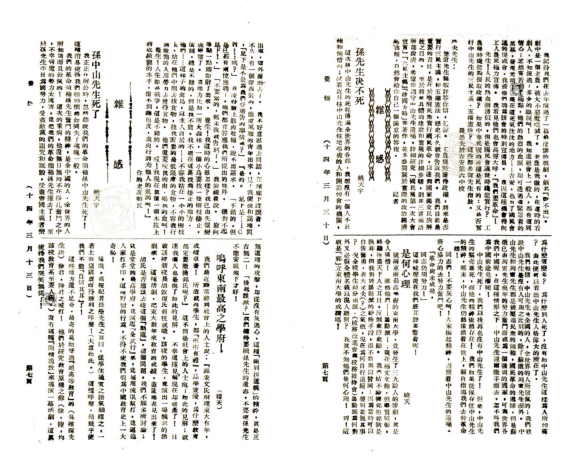

1925年3月13日、30日，《民国日报》副刊《觉悟》分别刊登姚天羽《孙中山先生死了》《孙先生决不死》文章

贺昌（1906—1935），中国工农红军高级指挥员。原名颖，又名其颖，字悟庵，又字伯聪，山西柳林人。1920年春，就读于山西省立第一中学。1921年5月，加入中国社会主义青年团。1922年5月，出席中国社会主义青年团第一次全国代表大会；同年9月，任团太原地方执委会书记。1923年7月，加入中国共产党；同年9月，调上海团中央工作并进入上海大学学习。1925年1月，在中国社会主义青年团第三次全国代表大会上当选中央执行委员会委员，并与张太雷、恽代英、任弼时、张秋人一起组成团中央局。1925年，参加和领导上海各界反对英帝国主义的"三罢"斗争；同年10月，兼任共青团上海地委书记，是上海交通大学第一位学生党员张永和的入党介绍人。1926年4月，任中共江浙区委委员及共青团江浙区委书记；同年11月，赴江西南昌、九江一带负责北伐支前工作。参加南昌起义后又参加广州起义的准备工作。1929年夏，任中共广东省委书记，并协助邓小平策划百色起义。1930年春，任中共中央北方局书记。1931年，任中华苏维埃共和国中央革命军事委员会总政治部代主任，中国工农红军总政治部副主任、代主任，红一方面军政治部主任。1934年10月，红军长征后任中共中央苏区分局委员、中央军区政治部主任，与项英、陈毅等留在赣南坚持游击战争。1935年3月在江西会昌战斗中牺牲。

贺昌手迹

1924年6月，贺昌（第四排右一坐者）与安源路矿工人学校教职工合影

二　学　生　篇

贺威圣（1902—1926），字刚峰，浙江象山人。1923年，就读于沪江大学，其间因积极从事反帝反军阀宣传活动被勒令退学，即转入南方大学就读。1924年春，进入上海大学社会学系学习；同年，加入中国共产党。1925年，任共青团闸北部委书记。在上海大学学习期间，利用寒假回家乡创建象山县第一个党组织。1926年6月，离开上海大学，任中共杭州地委书记，成功策动浙江省省长夏超公开反对军阀孙传芳；同年11月被捕并就义。

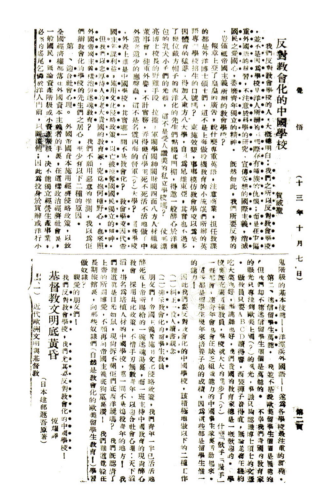

1924年10月7日，《民国日报》副刊《觉悟》刊登贺威圣《反对教会化的中国学校》一文

秦邦宪（1907—1946），中国无产阶级革命家。又名博古，字则民，江苏无锡人。1921年9月，就读于江苏省立第二工业学校预科。1924年夏，先后加入上海大学孤星社和锡社。1925年春，加入中国共产主义青年团。1925年9月，进入上海大学社会学系学习；同年10月，加入中国共产党。1926年10月，参加上海工人第一次武装起义；同年11月，赴莫斯科中山大学学习，取俄文名博古诺夫，后遂以博古名世。1930年5月，奉命回国。1931年9月，任中共临时中央负责人。1935年1月遵义会议后，任红军总政治部代理主任。长征到陕北后，任中华苏维埃共和国中央政府西北办事处主任。1937年后，任新华通讯社社长、中央组织部部长、中共中央南方局委员兼组织部部长。1946年，作为中央代表赴重庆参加政协宪草审议小组工作；同年4月8日，由重庆返回延安途中因飞机失事遇难。译著有《苏联共产党历史简明教程》《辩证唯物论与历史唯物论基本问题》《共产党宣言》《社会主义从空想到科学的发展》《卡尔·马克思》《论一元论历史观之发展》等。

秦邦宪译《卡尔·马克思》书影（1949年）

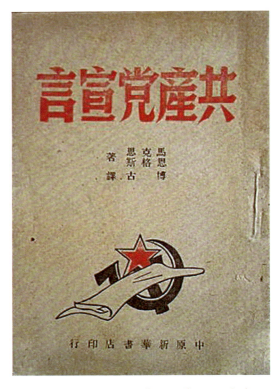

秦邦宪译《共产党宣言》书影（1949年）

二　学　生　篇

贾南坡（1904—1927），浙江金华人。浙江省立第一师范学校毕业后进入上海大学学习。1924年，加入中国共产党。1926年，任中国共产主义青年团闸北区委宣传部部长。1927年3月，参加上海工人第三次武装起义。后调任中国共产主义青年团杭州地委宣传部部长。1927年，参与组织金（华）兰（溪）地区农民暴动。1927年7月在杭州被捕，8月就义。

顾作霖（1908—1934），中国无产阶级革命家。字冬荣，上海嘉定人。1922年，就读于南京东南大学附属中学，因参加五卅运动被学校除名，同年进入暨南大学，后转入上海大学社会学系三年级。1926年初，加入中国共产党，不久任中共杨树浦部委委员、共青团杨树浦部委书记。1927年3月，参加上海工人第三次武装起义。四一二反革命政变后，任中共山东省委常委、共青团山东省委书记。1929年4月，任中共江苏省委委员、共青团江苏省委书记，后调任共青团中央组织部部长。1931年2月，参加中共苏区中央局领导工作。1934年1月，在瑞金召开的中国共产党第六次全国代表大会第五次会议上当选中央政治局委员，后任中国工农红军总政治部代理主任兼红一方面军野战政治部主任；同年5月在瑞金红军医院病逝。

1931年，顾作霖参与主持共青团苏区中央局机关刊物《青年实话》的出版发行工作并为该刊撰稿

党伯弧（1906—1985），陕西合阳人。1925年，进入上海大学学习；同年，加入中国共产党。曾任上海大学党支部负责人。四一二反革命政变后，在上海高等学校从事党的宣传工作。1930年，与党组织失去联系。1935年，任国民党政府长武县县长。新中国成立后，任西安市政协秘书处处长、秘书长，为西安市政协常委。曾在《西安文史资料》第四期发表《大革命时期陕籍青年在上海大学》一文。

1936年春，汪锋作为中国共产党密使，携带毛主席给杨虎城、杜斌丞和邓宝珊三人的亲笔信，乔装改扮前往西安。途经陕西省长武县杨公镇时，被当地便衣扣留搜查。时任长武县县长的党伯弧得知后，不顾个人安危，派专人以"押解"为名，全副武装，将汪锋护送至西安，使汪锋顺利完成任务。汪锋在《争取十七路军联合抗日的谈判经过》一文中谈及此事，该文收录于欧阳淞、曲青山主编《红色往事——党史人物忆党史（第一册 政治卷 上）》中。

《陕灾周报》1930年第5期刊登党伯弧《赈灾与科学》一文

党维蓉（1908—1931），陕西富平人。1925年，进入上海大学社会学系学习；同年秋，加入中国共产党。参加上海工人三次武装起义。四一二反革命政变后，被国民党新军阀逮捕并判刑八年，后中共组织通过于右任具保获释。曾任中共上海沪西区委组织部部长、中共山东临时省委宣传部部长、青岛市委书记等。1931年4月5日在济南就义。

徐石麟（1901—1976），又名石林，安徽望江人。1923年8月，进入上海大学中国文学系学习。1924年5月，赴黄埔军校学习，为第一期学员。参加北伐，任国民革命军第4军第10师28团营长。参加南昌起义后任杭州军官训练团，中央军校教导总队团长、副旅长。抗日战争期间，任鄂豫皖边游击挺进第三纵队副司令。1946年7月退役。新中国成立后，任全国政协文史资料委员会专员。

徐梦秋（1901—1976），安徽寿县人。1923年9月，进入上海大学社会学系学习；同年，加入中国共产党；同年冬，与同学曹蕴真、薛卓汉等一起回家乡创建安徽农村第一个党组织中共小甸集特别支部。1925年8月，任国民革命军第一师政治部主任。四一二反革命政变后赴莫斯科东方大学学习，1930年8月奉命回国。长征时任红一军团政治部主任。1935年9月，任红三军团宣传部部长。1942年叛变，在军统任职。南京解放后被判无期徒刑，1976年5月在狱中病逝。

徐鹏翥（1902—1976），又名志辉，字云轩，山东成武人。1922年，就读于山东省立农林专科学校。1923年9月，进入上海大学社会学系学习。1924年，加入中国社会主义青年团。1927年2月，根据党组织安排，进入中央军事政治学校武汉分校学习；同年3月，加入中国共产党；同年10月，创建鲁西南地区第一个党组织曹州支部并任支部书记。1933年春，奉中共陕西省委指示，从事兵运工作。1934年春，经组织同意，先后潜入国民党复兴社和CC组织，获取大量情报。新中国成立后，任陕西省民族事务委员会办公室副主任、陕西省委统战部办公室主任。1976年2月在西安病逝。

中共曹州支部成立后合影
（左站者为徐鹏翥）

二　学　生　篇

翁泽生（1903—1939），又名廷川、振华，福建厦门人。1924年9月，就读于厦门大学。1925年初，进入上海大学学习；同年7月，加入中国共产党。1926年，秘密开展党团活动，成立漳州第一个团支部。1927年1月，领导成立漳州第一个党支部并任支部书记。1928年4月，与台湾籍的谢雪红、林木顺等一起创立台湾共产党。1932年下半年，奉调上海负责台湾共产党与中共中央的联络工作并任中华全国总工会党团秘书长，直接在陈云、廖承志等领导下从事工人运动。1933年3月，在上海被捕，转押台北日本殖民统治当局监狱并被判刑13年。1939年3月1日，因病情恶化保外就医，19日病逝。

翁泽生妻子叶绿云（又名谢志坚，上海大学学生）和儿子翁黎光（又名林江）合影

1926年11月初，北伐军进入福建前后，翁泽生与同是上海大学学生、台湾籍的谢志坚、庄泗川等接受中共江浙区委指派，在上海大学党组织的安排下，以回乡宣传队的名义赴漳州、厦门等地开展革命活动。在漳州，翁泽生等以二师为中心，发动青年学生和工农群众掀起了轰轰烈烈的非基运动。

1975年10月4日，陈云、廖承志、林丽韫等联名写信给中共中央组织部，对翁泽生的一生作了高度评价，建议追认其为革命烈士；同年，中共中央批准追认翁泽生为革命烈士。

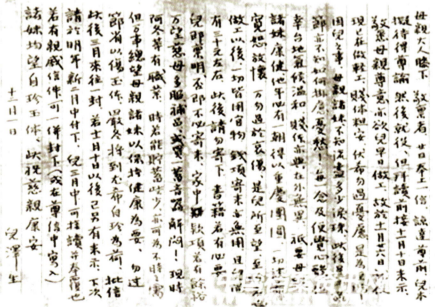

翁泽生家书

郭伯和（1900—1927），又名象豫，四川南溪人。1923年，进入上海大学学习。1924年，加入中国共产党；同年10月10日，在纪念辛亥革命13周年举行的国民大会上，上海大学学生黄仁被国民党右派唆使的流氓打伤致死，郭伯和也身负重伤。他撰写《黄仁烈士传》刊登在《上大四川同学会追悼黄烈士特刊》上。1925年11月，任中共小沙渡部委书记。1927年3月，参加上海工人第三次武装起义，率领工人纠察队和上海大学学生纠察队攻下闸北地区所有据点；同年，任中共江苏省委组织部部长；同年6月26日被捕，7月13日在龙华就义。

1927年4月13日，上海总工会召开声讨蒋介石发动反革命政变大会，国民党反动派用武力镇压示威游行队伍，制造了宝山路惨案。工人们奋起反抗，郭伯和率队坚守在东方图书馆后面一座楼上，顽强抵抗敌人的进攻，一直坚持到次日早晨才被迫撤退。

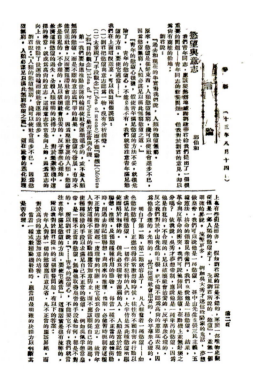

1924年8月14日，《民国日报》副刊《觉悟》刊登郭伯和《欲望与意志》一文

1927年3月26日，《民国日报》刊登《上大学生之革命运动》的消息

二　学生篇

高尔柏（1901—1986），字咏薇，笔名郭真，上海青浦人。1922年，毕业于南洋公学中院。1924年9月，以特别生资格进入上海大学社会学系二年级学习；同年，加入中国共产党。1925年3月，任上海大学中学部教员；同年8月，任训育主任、社会科主任。1926年2月，任中共上海大学独立支部书记。1927年4月，与侯绍裘一起赴南京，任国民党江苏省执行部委员、宣传部代部长，后兼任秘书长。四一二反革命政变后，因受国民党通缉去日本，与党组织失去联系。1929年秘密回国，从事翻译、出版和中学教学工作。新中国成立后，任高等教育部第二处副处长。1986年10月在桂林病逝。

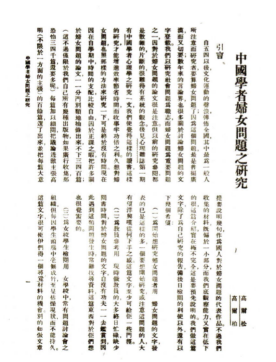

《社会学杂志》1924年第2—3期刊登高尔松、高尔柏《中国学者妇女问题之研究》一文

高尔柏著《中山主义概论》版权页

郭肇唐（1905—1988），俄文名阿·克·克里莫夫，笔名叶甫琴尼·郭，浙江慈溪人。以半工半读方式就读于上虞春晖中学。1922年，进入上海大学校办石印厂工作，同时在上海大学旁听。1925年6月23日，参加上海大学学生会临时委员会，当选学校暑期负责专员；同年，加入中国共产党，后赴莫斯科学习。1927年回国，1928年再赴苏联，由共产国际执委会和联共（布）中央安排进入红色教授学院党史部学习，并加入联共（布）。1934年，获博士学位。1935年7月，加入苏联国籍。曾任共产国际东方书记处主任助理、民族殖民地问题科学研究所科学部副主任。1938年蒙冤被捕，1954年平反昭雪。后任苏联科学院远东问题研究所研究员等。1988年在苏联去世。

郭肇唐写给陈望道的明信片

郭毅（1905—1942），又名君毅、均宜，上海南汇人。1920年，就读于南汇县第六高级小学，后就读于上海中华职业学校、南汇县师范学校。1924年，进入上海大学社会学系学习。1926年9月，进入北伐军前敌总指挥部政治训练班学习，结业后加入北伐军，任第36军某师政治部宣传干事。1927年5月，参加平定夏斗寅叛乱。四一二反革命政变后，回家乡从事教育工作。抗日战争全面爆发后，参加抗日武装队伍南汇县保卫团第二中队并任参谋。1942年遭国民党"忠义救国"军劫持并杀害。

郭儒灏（1903—1990），海南琼海人。1922年，就读于南京暨南学校。1925年9月，进入上海大学社会学系学习；同年，加入中国共产党。1926年，根据党组织安排回琼崖工作。1927年4月，到中共琼崖地委工作，任琼崖工农革命军政治部主任、琼崖苏维埃政府委员等。1931年3月，到中共江苏省委宣传部工作；同年5月，任中共中央宣传部《真话报》编辑。1933年4月被捕，1937年8月出狱后与党组织失去联系，1946年与党组织恢复联系。奉命在国民党军中从事地下工作。1949年1月，中共中央华东分局同意恢复其党籍。新中国成立后，任海南区党委统战部副部长兼海南军政委员会参事室副主任、暨南大学基本建设委员会副主任。1990年2月在广州病逝。

唐棣华（1904—1989），上海青浦人。1925年，进入上海大学中学部学习，其间任中学部学生会副主席。五卅运动期间，任上海学联会计。1980年，在北京接受专访，有《回忆上海大学》记录稿存世。1989年5月在北京病逝。

1937年，唐棣华（前排左）与丈夫阳翰笙（二排右）、常任侠（前排右）、熊式一（二排左）、田汉（三排左）、白杨（三排中）、王晋笙（三排右）、张西曼（四排左一）、王家齐（四排左二）、王熙春（四排左三）、高百岁（四排左四）在南京合影

陶新畲（1901—1957），安徽寿县人。1923年，进入上海大学学习；同年，加入中国共产党。1928年，赴莫斯科学习，是中国共产党第六次全国代表大会工作人员。1930年回国，先后任上海市工联书记、淞浦特委军委书记兼红十九军军长等。1933年6月7日，代理察哈尔省政府秘书长。抗日战争胜利后，以经商等形式继续为党工作。1957年在上海病逝。

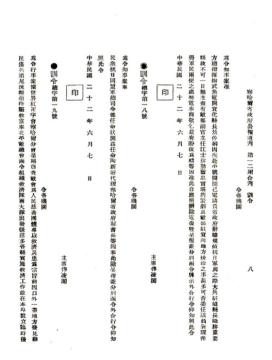

民众抗日同盟军总司令部关于任命陶新畲代理察哈尔省政府秘书长的公文

二　学生篇

黄仁（1904—1924），字人觉，四川富顺人。1923年，就读于中华职业学校机械班。1924年9月，进入上海大学社会学系学习；同年，加入中国共产党；同年10月10日，与何秉彝、郭伯和、林钧等作为上海大学代表出席上海各界在北河南路（今河南北路）天后宫举行的纪念辛亥革命13周年的国民大会，在与国民党右派斗争中被推下高台后不治身亡；同年10月26日，在上海大学举行黄仁烈士追悼大会，上海大学教授陈望道任大会主席，教授瞿秋白、恽代英等发表演说。

黄仁是上海大学学生党员在国共合作时期为革命牺牲的第一人。黄仁牺牲后，中国共产党领导人迅速作出反应。陈独秀在《向导》周报上发表《这是右派的行动吗，还是反革命？》一文；上海大学教授、共产党员邓中夏、施存统、恽代英与学生柯柏年等也分别发表文章和声明，谴责抗议国民党右派一手制造的血案。1924年10月28日，《民国日报》刊登《黄仁烈士传》。

1924年10月5日，《民国日报》全文转载《这是右派的行动吗，还是反革命？》

位于上海北河南路（今河南北路）的天后宫

黄让之（1902—1934），安徽天长人。1922年，就读于安徽公学。1923年，进入上海大学中国文学系学习；同年，加入中国共产党。1924年暑假，回家乡开设图书室，传播马克思主义。参加北伐，在由邓演达领导的国民革命军总政部宣传科任职。四一二反革命政变后，与党组织失去联系，后到北平开展由邓演达领导的中国国民党临时行动委员会的筹建活动。1931年10月，任中国国民党临时行动委员会北平支部负责人。1933年，赴福建帮助李济深及第19路军蔡廷锴组织反蒋斗争，建立革命政府。1934年初抱病回乡，10月去世。

1922年8月12日，《民国日报》刊登黄让之《工人合作底研究》一文

二　学　生　篇

黄玠然（1901—2004），原名文容，浙江浦江人。中学毕业后进入浙江法政专科学校学习。五卅运动爆发后任学校五卅后援会主席，与张崇文、周泽等被学校当局开除。1926年，进入上海大学社会学系学习；同年，加入中国共产党；同年8月，到中共中央宣传部工作。1927年初，任陈独秀秘书；同年4月，作为工作人员筹备和参加中国共产党第五次全国代表大会。后任中共中央秘书处处长。1933年，任上海中央局委员兼组织部部长。1937年，任山西牺盟总会宣传部部长。新中国成立后，任华东纺织管理局秘书处处长、华东纺织工学院副院长、全国工商联党组副书记、中央工商行政管理局副局长等。2004年4月在北京去世。

黄欧东（1905—1993），又名次洲，江西永丰人。1925年6月，加入中国共产党。1926年，进入上海大学社会学系学习。参加南昌起义。1930年，参加中国工农红军。1934年10月参加长征，到陕北后任陕北红军大学地方干部营政委、庆阳教导师团政委。抗日战争期间，任中共陇东特委副书记兼秘书长、延安马列学院副书记、八路军第129师政治部宣传部部长、中央军委办公厅主任兼总政治部锄奸部副部长。解放战争期间，任冀热辽军区政治部主任、嫩江省建设厅厅长、中共黑龙江省委委员兼建设厅厅长、辽北省人民政府副主席。新中国成立后，任沈阳市委书记，东北局常委、秘书长，中共辽宁省委第一书记，辽宁省省长，为辽宁省政协主席、辽宁省人大常委会主任。1993年11月在沈阳病逝。

黄昌炜（1899—1928），字辉如，笔名亦雄，海南琼海人。1921年，毕业于琼崖东路中学。1922年夏，进入上海大学学习。1924年春，因父亲去世辍学回家，在琼东中学任教。后复到上海学习并加入中国共产党。五卅惨案爆发后，赴新加坡成立南洋公团联合会，团结侨胞反对英日帝国主义。1926年6月，任共青团琼崖地委书记；同年9月，任共青团广东区委秘书长。1927年9月，负责中共琼崖特委、军委在琼崖东路乐会、万宁方面的工作。1928年1月在战斗中牺牲。

黄绍耿（生卒年不详），广西容县人。1925年，进入上海大学社会学系学习。五卅惨案爆发后，赴张家口在冯玉祥部队的学生军讲习所参加军运工作。1926年，任广西省贺县县长，后任广西省贵县县长、北流县县长兼建国日报社首任社长、战时工作服务团团长，后调任安徽省皖南行署主任兼保安司令。后任广西省宾阳县县长、广西省府委员、广西省教育厅厅长。1948年，与李品仙、黄旭初、程思远等发起成立中国国民党重建委员会。

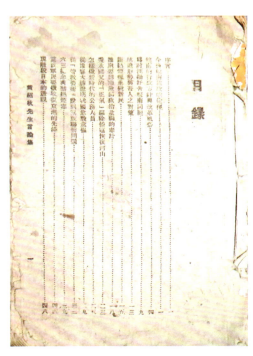

《黄绍耿先生言论集》目录（1940年）

二　学　生　篇

曹雪松（1904—1985），原名锡松，江苏宜兴人。1925年9月，进入上海大学中国文学系学习。由其作词的电影插曲《搬夫曲》《船家女》，分别由冼星海、沙梅谱曲。新中国成立后，在中学任教，创作有《杨贵妃》等电影剧本。曾接受专访，有《回忆上海大学》记录稿藏于上海市档案馆。1985年在上海病逝。

在上海大学学习期间，所著诗集《爱的花园》由上海大学中国文学系教授刘大白、郑振铎分别作序。刘大白在序中称："曹雪松君，是一个青年诗人。他的新诗集《爱的花园》，能用较新的形式，表现他较新的情绪和意境。"郑振铎在序中说："我读了他这一册诗，很感到他的青春奔放的热情与他的过去的有趣生活。虽不敢说在这一册诗集里他已经成就了伟大的成功，然而成功的希望是很诚挚的等候在前途了。""什么人向光明走去的终将达到了光明之境。雪松只要努力走去！"

曹雪松主演《王先生过年》

曹天风（1902—1992），原名祖建、国材，浙江天台人。1918年，就读于天台中学。1922年，进入上海大学学习。1924年暑假，回家乡与范守渊等组织与众同乐部宣传革命。参加五卅运动。在家乡，经共产党员、国民党浙江省党部党团书记宣中华介绍加入国民党，投身天台地区国民运动。四一二反革命政变后，被迫离开天台。抗日战争期间，任战旗杂志社社长兼主编，撰写社论，宣传抗日。1943年，回家乡任天台中学校长。新中国成立后，再任天台中学校长，后任浙江省文史馆馆员。有诗集《水平集》行世。

四一二反革命政变后，曹天风被迫离开天台，辗转上海、江苏、武汉、湖南、广东等地。他感慨"革命成亡命，信徒作叛徒"，愤而改名"天疯"，寓意"天也为之气疯"。后经国民党元老、他在上海大学读书时的校长于右任所劝"男儿可希圣，何以疯为？"，遂改名"天风"，并以"天风"之名行世。

曹天风对母校感情极深，在诗作中多次写到上海大学，称上海大学"东南但可主文盟，绛帐春江旧偃兵""党作烘炉义作煤，干将不铸铸奇才"，对上海大学当年主"东南文盟"作了充分肯定，认为上海大学是一所"铸奇才"的革命大"烘炉"。在《水平集》自序中说："作者出身'上大'，往年受启示至深。"

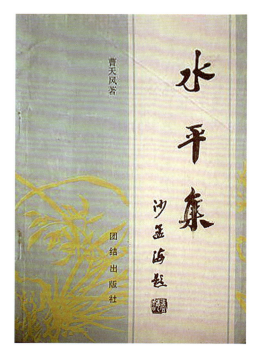

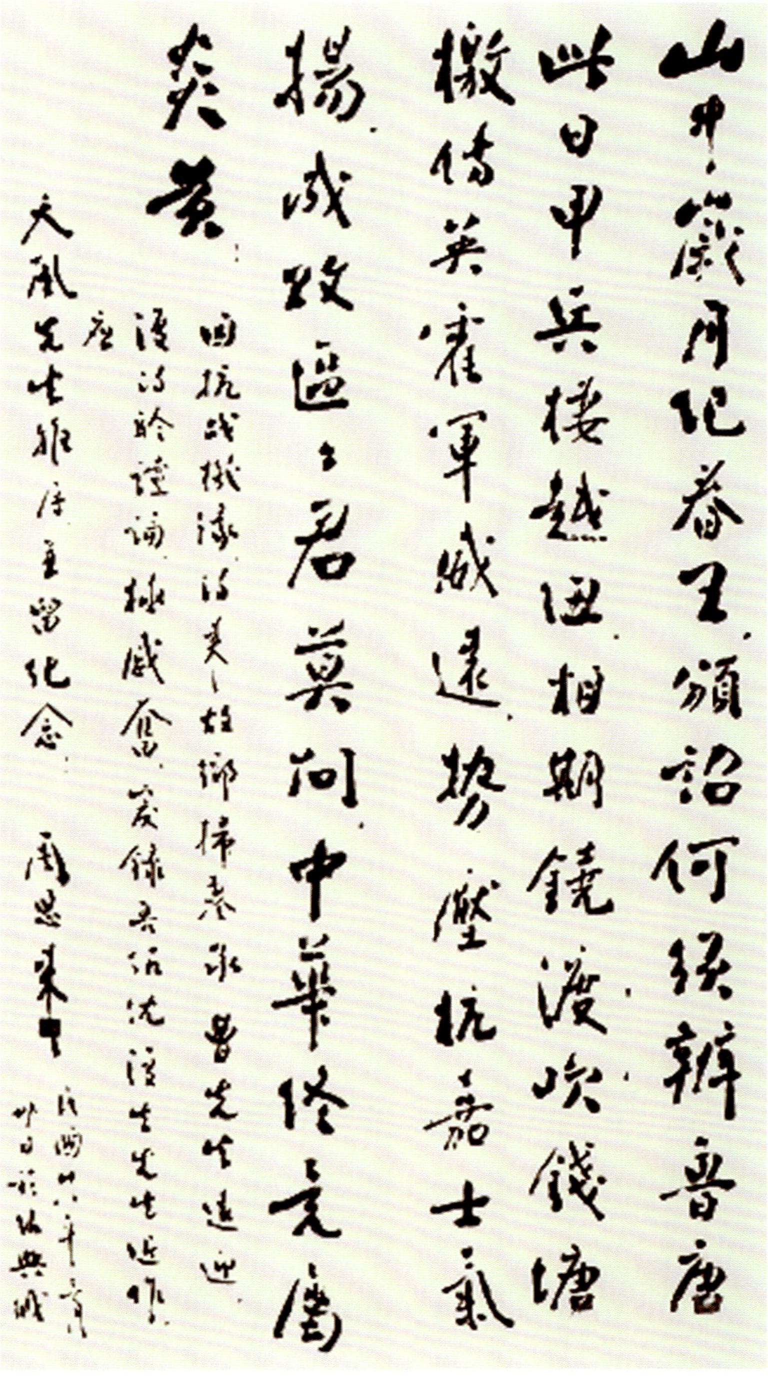

二 学 生 篇

1939年3月17日至4月6日，周恩来以国民政府军事委员会政治部副主任身份视察浙东抗日形势，与曹天风作长谈，并书写绍兴籍同盟会会员沈复生的诗赠与曹天风。

1939年3月30日，周恩来手书沈复生诗赠曹天风

曹渊（1901—1926），原名俊宽，字溥泉，安徽寿县人。1921年秋，就读于芜湖公立职业学校，后因领导学生运动被学校开除。1923年，进入上海大学旁听。1924年5月，赴黄埔军校学习，为第一期学员，毕业后任黄埔军校教导团学生连党代表，是黄埔军校政治部主任周恩来组建和领导的中国青年军人联合会骨干成员；同年，加入中国共产党。1926年5月，参加北伐，任国民革命军第四军独立团第1营营长；同年9月5日，在战斗中牺牲。

1938年3月19日，中共中央副主席周恩来给曹渊的儿子曹云屏写信，称："令尊曹渊同志为谋国家之独立、人民之解放而英勇的牺牲了。这是非常光荣的。我全党同志，对曹渊同志这种英勇牺牲精神，表示无限的敬意。"这一年秋天，曹渊北伐时的独立团团长、已任新四军军长的叶挺，偕新四军参谋长张云逸从抗日战场专程赶到寿县看望曹渊的亲属。

武昌攻城战后，叶挺独立团党支部在武昌洪山修建攻城官兵烈士墓，安葬曹渊等191名在历次战斗中牺牲的烈士

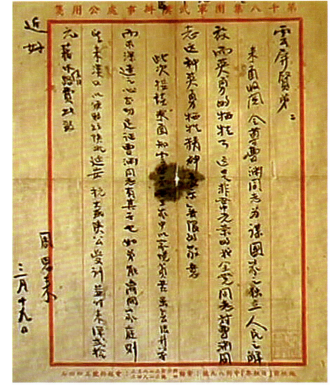

1938年3月19日，周恩来给曹渊之子曹云屏的信

二　学 生 篇

曹蕴真（1901—1927），原名定怀，安徽寿县人。1919年，就读于芜湖公立职业学校学习，毕业后留校任教。1921年，加入中国社会主义青年团。1922年春，加入中国共产党。1923年秋，进入上海大学社会学系学习。1923年底，利用寒假回家乡成立中共寿县小甸集特别支部并任支部书记，受党中央直接领导。1924年5月，赴黄埔军校学习，后留校任政治部宣传科员。1925年，奉命回家乡从事农民运动。1926年12月，参加北伐。1927年10月在寿县病逝。

中共寿县小甸集特别支部遗址

龚际飞（1903—1927），原名际虞，字子熙，湖南双峰人。毕业于长沙兑泽中学。1922年1月，加入中国社会主义青年团。1923年秋，进入上海大学英国文学系学习；同年，加入中国共产党。1924年1月，任中共上海地方兼区执委会第三组代组长。1924年夏，回家乡从事革命工作。根据党组织安排，参与国民党湖南省党部筹建工作，任国民党湖南省党部执行委员兼宣传部部长、青年部部长，共青团衡阳地委书记。1925年，任中共衡阳区委负责人。1926年4月，赴长沙领导全省学生运动。1927年10月7日被捕，19日在长沙就义。

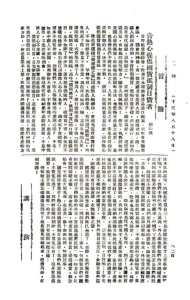

1925年10月，龚际飞代表党组织对黄克诚进行入党前谈话。黄克诚回忆：经过与龚际飞谈话，"我终于找到了中国共产党，并加入了党的组织，兴奋的心情使我好像换了一个人。从此，我精神上有了真正的寄托，思想上更加充实，胸怀豁然开朗，参加群众运动的积极性更高了"。

1924年8月18日，《民国日报》副刊《觉悟》刊登龚际飞《告热心提倡国货抵制日货者》一文

盛幼宣（1908—1979），又名世铎，上海南汇人。1921年，就读于江苏省立第二师范学校。1924年7月，进入上海大学中学部学习；同年，加入中国共产党。1927年3月，任上海特别市临时市民政府机要秘书，负责保管文印。参加南昌起义，后回家乡在南汇一带从事农运工作。新中国成立后，从事教育工作。

康生（1898—1975），原名张叔平，又名张绍卿、张裕先，化名赵容，山东诸城人。1924年7月，进入上海大学社会学系学习。1925年，加入中国共产主义青年团，不久加入中国共产党，任中共上海大学独立支部书记。参加五卅运动和上海工人三次武装起义。曾任中共上海沪中、闸北、沪西、沪东区委书记，江苏省委常委、组织部部长，中共中央组织部部长等。1933年7月赴苏联，为中共驻共产国际代表团成员。1937年冬回国，赴延安任中共中央党校校长、社会部部长、调查研究局情报部部长，中央书记处书记，中央总学习委员会副主任。延安整风运动期间，以"抢救失足者"为名，制造许多冤假错案。1948年至新中国成立初期，任中共中央华东局第二副书记、山东分局书记，山东省人民政府主席等。1958年，任中共中央文教小组副组长，后任中央理论小组组长、《毛泽东选集》出版委员会副主任、中共中央书记处书记。是中国共产党第六、第七届中央政治局委员，第八（八届十一中全会当选）、第九、第十届中央政治局常委；第三、第四届全国人大常委会副委员长；第三届全国政协副主席。"文革"期间，任中央文化革命小组顾问、中共中央副主席，积极参与林彪、江青夺取最高权力的阴谋活动。1980年10月，中共中央宣布开除其党籍。1981年1月，被最高人民法院特别法庭确认为"林彪、江青反革命集团案"主犯。

二　学生篇

崔小立（1901—1941），原名绍立，又名晓立、尚辛，浙江宁波人。1919年，毕业于宁波师范讲习所。1924年春，进入上海大学社会学系学习，其间发表大量宣传马克思主义和反帝反军阀的文章。1925年5月，加入中国共产党。1926年春，赴苏联莫斯科中山大学学习。1928年奉命回国，从事党的地下工作；同年12月被捕，关押在浙江陆军监狱长达八年。抗日战争全面爆发后，奉命在家乡进行抗战。1941年8月牺牲。

崔小立著《战时经济学讲话》书影（1937年）

1924年11月28日，《民国日报》副刊《觉悟》刊登崔小立《反动派与稳健派》一文

崔小立著《少年经济学讲话》书影（1947年）

崔小立译《通俗物理学讲话》书影（1950年）

阎灵初（1904—1930），陕西洋县人。1924年，进入上海大学学习。1926年，加入中国共产党。1927年3月，参加上海工人第三次武装起义。1928年，回家乡从事革命工作。1929年，任洋县中学教师；同年8月，与上海大学同学、共产党员尚辛友等组织中共洋县小组，10月改为中共洋县特别支部，任组织委员。

梁伯隆（1904—1930），又名廷栋、尚志、靖超、兴谷、伯龙，四川江安人。1923年，上海中华职业学校毕业后进入上海震旦大学法政科学习。1924年，加入中国共产党；同年秋，赴黄埔军校任职。1925年春，因病返回震旦大学继续学习，后转入上海大学社会学系三年级；同年底，赴广州北伐军总政治部工作。1926年初，赴第6军从事政治工作。参加南昌起义，任第11军政治部秘书。1928年底，赴重庆从事文化教育工作，创办重庆高级中学、西南学院、西南大学等。1930年6月被捕，10月31日在成都就义。

二　学　生　篇

梁披云（1907—2010），又名龙光、雪予，福建泉州人。1923年进入武昌师范大学学习，1924年转入上海大学。五卅惨案爆发后，曾南下广东宣传五卅惨案真相。从上海大学毕业后两度赴日本留学。1929年春，在泉州创办黎明中学。抗日战争期间，在马来西亚等地从事抗日救亡工作。1944年回国，任国立福建音乐专科学校校长。后侨居澳门。1984年，创办泉州黎明职业大学。为全国政协委员，澳门特别行政区筹委会委员、政府推选委员会委员。2002年2月，获澳门特别行政区颁发的银莲花勋章。2007年，获澳门特别行政区颁发的大莲花勋章。2010年在澳门病逝。

梁披云回忆："就读上海大学时，受到于右任先生的影响。于先生对学生很好，对我也很好。于先生教我们学书法，要求我们喜欢什么碑帖就去学什么碑帖，要从兴趣爱好出发，不要有框框，不要看别人眼色。我的书法受于先生早期书法影响，重北碑与墓志。"（《与梁披云畅谈其一生与书法结缘》，《晤对书艺》，湖南美术出版社2011年版，第103页）

1929年，梁披云在泉州创办黎明中学

梁披云书法

葛琴（1907—1995），江苏宜兴人。经侯绍裘介绍进入上海大学旁听，同时在工人夜校任教。1926年，加入中国共产主义青年团；同年11月，加入中国共产党。1927年，参加上海工人第三次武装起义。曾在中共上海中央局宣传部任内部交通员。后在上海、江苏、浙江一些小学任教。1932年春，开始从事文学创作。1933年12月拜访鲁迅，鲁迅于同月25日为其小说集《总退却》作序。抗日战争全面爆发后，与丈夫邵荃麟一起参加抗日救亡宣传工作。曾任《青年文艺》《东南战线》《力报》和《大刚报》副刊编辑、中共中央南方局文委委员、《小说月报》编委。新中国成立后，任中央电影局编剧、北京电影制片厂副厂长等。1953年，加入中国作家协会。1995年在北京病逝。有《葛琴创作集》行世，另有电影文学剧本《女司机》《三年》《海燕》等。

董每戡（1907—1980），中国戏剧家。又名国清、董华，浙江温州人。1923年，进入上海大学中国文学系学习，其间加入中国共产党。1926年，投身进步电影、戏剧事业。1927年8月，回家乡重建党组织，后因叛徒告密遭通缉。1931年，加入中国左翼作家联盟、中国左翼戏剧家联盟。1932年，创作三幕话剧《C夫人的肖像》，在中国革命的话剧史上留下重要一笔。抗日战争全面爆发后，率领抗战戏剧团体到各地演出，并创作《保卫领空》《天罗地网》等剧。1943年起，任四川三台东北大学、金陵女子文理学院、大夏大学教授及商务印书馆编审等。新中国成立后，任湖南大学、中山大学教授。1980年2月在广州病逝。有《董每戡文集》行世。

董每戡著《中国戏剧简史》《西洋戏剧简史》书影

二　学　生　篇

蒋坚忍（1902—1993），字孝全，浙江奉化人。曾在上海大学学习，后赴黄埔军校学习，为第四期学员。北伐时期，任第26军政治部主任。后任汉口特别市政府社会局局长、总司令行营宣传处处长、杭州笕桥航空学校副校长。1993年在台湾病逝。

蒋如琮（1898—1961），字瑞青，号瑞卿，浙江三门人。1922年，就读于上海大同大学。1925年，进入上海大学社会学系学习；同年9月，加入中国共产党。1926年9月，创建宁海中学，并在宁海中学创建中国共产党在宁海的第一个支部，任支部书记。1927年1月，参加北伐，任北伐军东路总指挥部宣传科科长。参加南昌起义后回家乡，根据党组织安排到天台建立中共天台特别支部并任支部书记。1928年5月，参加三门亭旁起义，失败后避居南洋继续从事革命工作。1933年，因遭通缉与党组织失去联系。1945年12月，任南京政府中央警察学校政治部副主任、教授。新中国成立后，在天水铁路中学任教。1953年，加入中国国民党革命委员会。

蒋如琮译《吉诃德先生》书影

嵇直（1901—1983），江苏镇江人。1922年2月，进入东南高等专科师范学校学习，参与领导学潮，为上海大学的成立作了准备。后进入南方大学学习。1925年，加入中国共产党。新中国成立后，任农业部办公厅副主任、北京图书馆副馆长、民政部民政司副司长等。1983年1月在北京病逝。曾接受专访，有《我所知道的上海大学的由来》记录稿存世。

程永言（1897—1967），又名嘉咏，安徽祁门人。1922年春，进入东南高等专科师范学校美术科学习，参与领导学潮，为上海大学的成立作了准备，后转入上海大学半工半读，任校义务书记。曾在南京国民政府监察院任职。1936年11月，在南京召开的上海大学同学会第一次理事会上当选理事长。1940年回乡经商。解放战争时期，为屯溪和平解放作出贡献。新中国成立后，在上海银行系统工作，是上海市闸北区政协委员。

程永言1959年10月撰写的《回忆上海大学》一文收录于1980年出版的《党史资料丛刊（第2辑）》

二　学　生　篇

程锡简（1903—1930），字竹轩、阔庭，安徽凤台人。1922年，进入上海大学学习。1923年，加入中国共产党。1924年，回家乡创建中共高皇特别支部并任支部书记。后赴黄埔军校学习，为第三期学员。参加南昌起义。1928年，根据党组织安排，参加柏文蔚在寿县创办的学兵团。1930年在"肃反"扩大化中遇害。

傅以和（1904—1980），又名佩德，浙江遂昌人。曾就读于杭州法政学校。1927年4月，进入上海大学社会系学习。1928年4月，任中共浙西特委委员、中共遂昌县委书记。新中国成立后，任江山县人民银行副行长、行长。

童玉堂（1905—1951），浙江兰溪人。浙江省立第七中学毕业后进入上海大学社会学系学习。1925年，加入中国共产主义青年团。1926年，加入中国共产党，为兰溪地区第一位共产党员。1927年2月，受国民党浙江省党部中共党团组织委派，创建中共兰溪临时特别支部并任支部书记。四一二反革命政变后，三次被捕，关押时间长达十年，出狱后与党组织失去联系。新中国成立后，在中学任教。1951年3月在杭州病逝。

曾延生（1897—1928），学名宪瑞，字麟书，江西吉安人。1924年，进入上海大学社会学系学习；同年，加入中国共产党。1925年初，参与领导上海日商纱厂罢工；五卅运动中领导杨树浦工人宣传队；同年6月，以上海工商界宣传代表身份赴南昌说明五卅惨案真相；同年8月，利用暑假回家乡秘密组建进步团体觉群社，为吉安正式建立中国共产党组织创造条件；同年10月回上海大学，不久任共青团上海地委引翔港部委书记、中共引翔港部委宣传委员。1926年8月，任中共九江地委书记。1927年12月，任赣南特委书记，组织赣南暴动。1928年3月在开会时与妻子蒋竞英一起被捕，4月4日双双就义。

曾延生一门忠烈，父亲曾采芹为党的地下工作者，1931年被捕牺牲；三弟曾炳生，1927年8月在九江牺牲；二弟曾洛生（曾山），1926年加入中国共产党，跟随毛泽东坚持井冈山斗争，新中国成立后任内务部部长。1930年1月，毛泽东在部署和指挥红一方面军撤离吉安途中，特意访问曾延生家乡，亲切慰问曾延生母亲康春玉，对曾延生夫妇为革命不屈不挠、英勇献身和曾家一门投身革命的崇高精神与表现给予了高度评价。

二　学　生　篇

谢雪红（1901—1970），原名阿女，又名飞英，福建泉州人。1925年8月，加入中国共产党；同年9月，经党组织推荐，以特别生资格进入上海大学社会学系学习；同年12月，赴莫斯科东方大学学习。1927年11月，根据共产国际安排回国，在上海参加台湾共产党筹建工作。1928年4月，与台湾籍的翁泽生、林木顺等一起创立台湾共产党，当选台共中央候补委员；同年6月，在台北召开的台湾共产党第一届第二次中央委员会会议上增补为中央委员。1931年被捕，1939年出狱。抗日战争胜利后，发起组织人民协会、农民协会。1947年二二八起义时，参与领导台湾中部地区人民武装斗争，失败后转赴香港发起组织台湾民主自治同盟并任主席。1949年，参加中国人民政治协商会议第一届全体会议。新中国成立后，任政务院政法委员会委员、华东军政委员会委员、台湾民主自治同盟总部理事会主席等。1970年11月在北京去世。

1925年11月，欢送谢雪红（前排右二）、林木顺（前排右一）等赴苏联留学前合影

1930年前后，谢雪红（右二）与"台湾农民组合"骨干在台北合影

蒲克敏（1903—1939），字志政、子政，陕西蒲城人。1919年，就读于三原省立第三师范学校。1925年春，加入中国共产主义青年团；同年9月，进入上海大学社会学系学习并加入中国共产党，其间与陕籍同学一起以上海大学陕西同乡会名义创办《新群》，宣传革命，传播马克思主义。1927年7月，任中共陕西省委委员、五一县委书记；同年12月，调任中共西安市委书记。1928年6月，任中共陕西省委常委。1931年4月，赴英国伦敦大学经济学院留学。1933年5月回国，任西安绥靖公署少校秘书兼政治教官。1939年10月奉命赴宜川秋林，在返回途中遇日机空袭牺牲。

《文化前锋》1939年第1期刊登蒲克敏《德波战事爆发前国际形势的分析》一文

蔡孝乾（1905—1982），台湾彰化人。1919年就读于台湾彰化公学校，1922年毕业后留校任代教员。1924年前后，进入上海大学社会学系学习。1925年，加入中国共产党。1926年11月，根据上海大学党组织决定，随翁泽生赴福建漳州开展革命工作，后回台湾参加文化协会改组工作。1928年4月，在上海召开的台湾共产党成立大会上当选台共中央常委。1928年，赴江西瑞金中央苏区。1934年10月参加长征，到达延安，是唯一随红军长征的台湾人。1945年8月，任中国共产党台湾省工作委员会书记，为中共台湾地下组织领导人。1950年，被捕后叛变。1982年在台湾去世。

二　学生篇

雷晓晖（1905—2005），又名兴政、志烈，四川安岳人。1920年，就读于成都省立第一女子师范学校中学部，其间因参加成都为争取教育经费独立的学生罢课游行请愿活动被校方开除，后进入重庆第二师范学校学习。1925年7月，进入上海大学社会学系学习；同年12月，加入中国共产党。1926年1月，参加由上海大学建筑校舍募捐委员会组成的募捐团，赴广州进行募捐；同年3月，赴重庆，在中共四川省工委书记杨闇公（杨尚昆四哥）领导下工作。1927年，参加中国共产党第五次全国代表大会。1928年初，与杨衡石（杨尚昆二哥）一起建立潼南县第一个地方党组织中共双江支部。1931年9月，在李硕勋就义后，把李硕勋夫人赵君陶和一双儿女接到家中一起生活半年多。新中国成立后，在广安、南充教育系统工作。2005年1月在南充病逝。

1925年，赴北京参加国民会议促成会的四川代表合影（二排左一为雷晓晖）

蔡威（1907—1936），原名泽鐭，字景芳，福建宁德人。1925年，进入上海大学学习。1926年，加入中国共产党；同年11月，回家乡开展建党工作。四一二反革命政变后，化名蔡威，赴上海从事党的地下工作。1931年10月，进入中共中央特科无线电训练班学习。1932年2月，与宋侃夫等一起创建红四方面军无线电台，任红四方面军总指挥部通信电台台长、通信站站长等。1935年7月，任中国工农红军总司令部第二局局长。1936年9月在长征途中病逝。

徐向前为蔡威题词

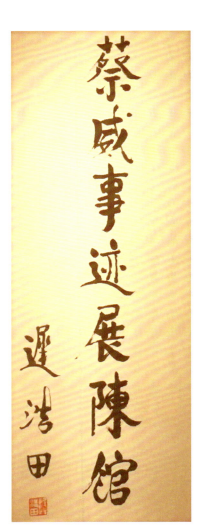

迟浩田为蔡威事迹展陈馆题写馆名

二　学生篇

谭其骧（1911—1992），中国历史学家、历史地理学家。字季龙，浙江嘉兴人。1923年，就读于嘉兴秀州中学，因不满校方对学生的处置，高中未毕业就愤然离校。1926年夏，进入上海大学社会学系学习，不久加入中国共产主义青年团。1927年，上海大学被武力封闭后进入暨南大学学习。1930年，进入燕京大学研究生院学习，师从顾颉刚。1934年春，协助顾颉刚筹办禹贡学会，主编《禹贡》。新中国成立后，任复旦大学历史系教授。为中国科学院学部委员（院士）。1982年，任中国历史地理研究所所长。1983年，加入中国共产党。1992年8月在上海病逝。

谭其骧是中国历史地理学科主要奠基人和开拓者。2009年被评为上海市60年来最有影响的科学家之一。由他主编的《中国历史地图集》（共八册），被认为是我国历史地理学最重大的一项成果。（《人民日报》2011年2月25日）

1932年，谭其骧（左）与叶国庆在北平合影

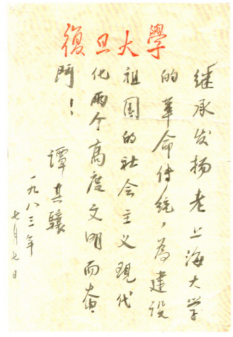

1983年7月7日，谭其骧以上海大学校友身份为上海大学复校题词

谭其骧主编《中国历史地图集》书影（1987年）

蔡鸿猷（1897—1928），字辉甫，号哲臣，浙江缙云人。1922年，加入中国共产党。1924年前后，进入上海大学学习；同年8月，赴黄埔军校学习，为第二期学员。曾任国民革命军排长、连长、连党代表等。1926年，任广州革命政府财政部缉私卫商总队第1团第1营党代表。1927年2月，任广州革命政府财政部税警团上校党代表。1927年4月16日被捕，1928年10月在广州就义。

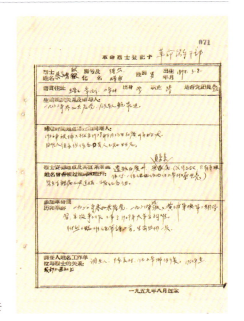

蔡鸿猷烈士登记卡

潘钦信（1906—1951），台湾台北人。毕业于台北太平公学校。1924年10月，进入上海大学中学部学习，其间加入中国共产党。1951年在上海病逝。

二 学 生 篇

薛尚实（1902—1977），原名梁华昌，别名梁化苍、杨良，广东梅州人。1921年，就读于广益中学。1926年秋，进入上海大学社会学系学习。1927年3月，上海工人第三次武装起义中参加上海大学学生军。参加广州起义。1928年2月，加入中国共产党。抗日战争期间，任中共福建省委组织部部长、浙江省委组织部部长、中共阜东县委书记、苏北区党委敌工部部长等。解放战争期间，任苏北盐阜地委宣传部部长、华中分局宣传部部长、青岛市委副书记等。新中国成立后，任中共青岛市委书记、上海同济大学党委书记、同济大学校长等。1977年在上海去世。

1927年4月12日，蒋介石在上海发动反革命政变，上海大学被武力封闭，薛尚实目睹上海大学江湾新校舍被荷枪实弹的国民党军队占领的全过程。虽然薛尚实在上海大学学习的时间不到一年，但在他的记忆中，这段学习生活却是永恒的。他在《回忆上海大学》中说："我在上大接受革命教育的时间虽然短暂，但在这里却是我一生接受革命锻炼的起点。"

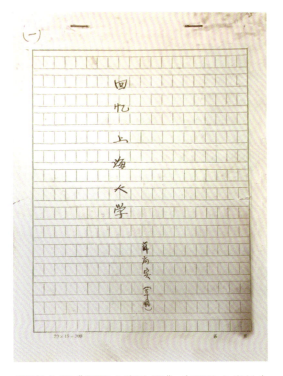

薛尚实撰《回忆上海大学》（系他人誊抄）

薛卓汉（1898—1931），安徽寿县人。1919年，就读于安徽省立第二甲种农业学校。1922年，加入中国社会主义青年团。1923年秋，进入上海大学社会学系学习；同年11月，加入中国共产党。1924年冬，与同学曹蕴真、徐梦秋等一起回家乡创建安徽农村第一个党组织中共小甸集特别支部。1925年9月，赴广州参加由彭湃主办的第五期农民运动讲习所学习。1926年，参加北伐，同期任毛泽东秘书。1927年3月，当选安徽省农民协会会长。四一二反革命政变后，从事兵运工作。1930年，赴鄂豫皖苏区任红一军政治部副主任。1931年冬，在"肃反"中遇害。

对于薛卓汉的屈死，毛泽东深感悲愤和惋惜。在延安时期，毛泽东曾向曹渊烈士的儿子曹云屏问起薛卓汉的情况；1958年在安徽视察时，又与陪同视察的张治中谈起薛卓汉。薛卓汉对革命的贡献，党组织给予充分肯定。1945年4月，中共中央组织部编辑的《死难烈士英名录》中确认薛卓汉是安徽党组织创始人，为革命烈士。

戴邦定（1902—1972），又名介民，曾用名巴克，浙江黄岩人。1922年夏，毕业于浙江省立第六师范学校。1924年春，进入上海大学中国文学系学习。1925年11月，加入中国共产党，是浙江黄岩籍最早的共产党员。1926年下半年，任中共上海大学支部委员；同年12月，赴杭州从事革命工作。1927年2月，任中共临海特别支部书记。1928年秋，奉命回上海参与创办明日书店，传播进步文化。1930年，与党组织失去联系。1939年7月，在上海创办建承中学并任校长，为中国共产党在学校建立地下组织和交通联络点提供方便。1945年5月，被日本宪兵抓获。后党组织根据其在狱中表现，批准他重新入党。新中国成立后，任华东师范大学历史系教材教法教研室主任。

二　学生篇

戴望舒（1905—1950），中国诗人。原名朝寀，浙江杭州人。1919年，就读于宗文中学。1923年9月，进入上海大学中国文学系学习。1923年11月，与施蛰存、杜衡等共同发起成立上海大学青风文学会。1925年，上海大学校舍被武力封闭后进入震旦大学法文班学习。1926年3月，与施蛰存、杜衡一起创办《璎珞》旬刊；同年底，加入中国共产主义青年团。1928年，发表诗歌代表作《雨巷》。1932年11月赴法国巴黎大学、里昂中法大学留学，1935年回国。1941年底，因在香港宣传革命被日军逮捕。1949年3月，赴北平任华北联合大学研究员并从事翻译工作；同年7月，参加第一次全国文代会。新中国成立后，任国家新闻出版总署国际新闻局法文科主任，从事编译工作。毛泽东《论人民民主专政》法文版和西班牙文版，毛泽东、周恩来所作报告法文版，都由其翻译。1950年2月在北京病逝。诗集有《望舒草》《望舒诗稿》《灾难的岁月》等，译作有梵·第根《比较文学论》等。

戴望舒译《唯物史观的文学论》书影（1930年）

戴望舒著《望舒草》书影（1933年）

青年时期戴望舒

糜文浩（1901—1927），又名李仲苏，江苏无锡人。1915年，就读于江苏省立第二甲种工业学校。后辍学回家乡任小学教员。1922年，在上海邮政总局工作。1923年，在上海商务印书馆编译所工作；同年，进入上海大学社会学系学习，下半年加入中国共产党，后赴莫斯科东方大学学习。回国后任中共上海区委沪西部委组织委员，从事工运工作。1926年4月，任中共中央秘书处秘书。1927年3月，参加上海工人第三次武装起义，任上海总工会机关报《平民日报》编辑部主任，《平民日报》被封后改成《青天白日报》继续出版；同年5月被捕，11日在枫林桥刑场就义。

由毛泽东签发的光荣纪念证

糜文浩与夫人王采贞合影

二　学　生　篇

濮德治（1905—1997），又名清泉、一凡，安徽安庆人。陈独秀表弟。1923年前后，进入上海大学英国文学系学习；1924年11月，曾在上海大学和王步文等安徽籍同学一起发表反对安徽军阀倪道烺的通电。1925年，赴日本早稻田大学留学，负责组建中共东京支部，任支部宣传与组织委员。1927年，赴莫斯科东方大学习。四一二反革命政变后回国，追随陈独秀参加托派。新中国成立后，曾在云南工作。

1923年12月，柯庆施根据陈独秀的指示，在安庆濮德治家中建立中共安庆支部，参加会议的代表还有王步文、许继慎、杨溥泉等，会议推选柯庆施为支部书记，濮德治负责宣传工作。这个党支部是中国共产党在安徽最早成立的城市支部，直属党中央领导。

位于安庆市大观区的濮家老屋旧景与今貌

百年上大 校友画传（第一辑）

瞿景白（1906—？），江苏常州人。瞿秋白三弟。1921年夏，就读于浙江省第一师范学校。1923年秋，进入上海大学社会学系学习。1924年，加入中国共产党。五卅运动中被捕，在租界会审公廨与美国副领事及会审官作机智勇敢的斗争。1925年秋，任上海曹家渡共青团书记，从事工运工作。1928年4月，赴莫斯科中山大学学习。后因公开反对王明等人的宗派活动而受到打击并失踪。新中国成立后，平反昭雪，追认为革命烈士。

上海大学学生羊牧之回忆："每次景白谈到五卅运动都非常兴奋。他说五卅时被捕关在英租界巡捕房里，捕房的牢房是东西两排，我们在牢房里高唱革命歌曲'打倒列强，除军阀'，这一排唱完，那一排再唱，日夜不息，闹得捕房毫无办法。景白离开上大后，常到学校和我住在一起，每每至深夜来敲门，可见生活不安定。当时秋白住闸北六三花园北面，离校很近，我常到秋白家，也碰到过景白。后来景白是去了莫斯科。在苏联，独伊还在幼儿院，景白有次去看她，还给她买了苹果。"

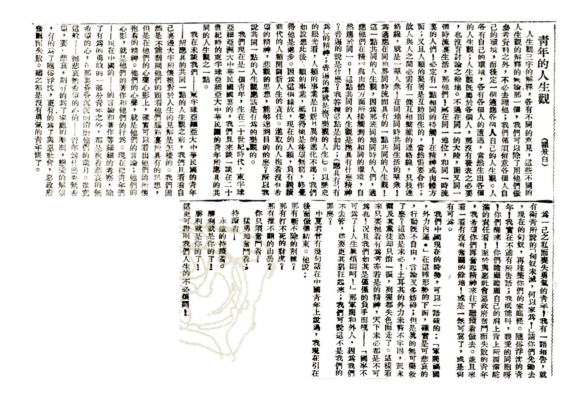

1924年3月6日，《时报》刊登瞿景白《青年的人生观》一文

附

师生名录

附　师　生　名　录

教　师

（200人）

丁文澜	卜世畸	于右任	万古蟾	万籁天	丰子恺	王一亭	王开疆	王凤喈	王世颖	王陆一	王登云	戈公振	毛　飞
方光焘	火贲达	尹实甫	尹　宽	邓中夏	左舜生	叶九龙	叶楚伧	田　汉	乐嗣炳	冯三昧	冯子恭	冯壮公	匡互生
毕任庸	朱光潜	朱自清	朱枕薪	朱　复	朱　湘	仲子通	任中敏	任正平	任卓宣	任弼时	向　浒	刘大白	刘志新
刘含初	刘宜之	刘薰宇	江显之	安体诚	许绍棣	许德良	阮永钊	孙邦藻	严既澄	李大钊	李未农	李石岑	李汉俊
李　达	李仲乾	李　季	李　俊	李超士	李瑞峰	李　骧	杨杏佛	杨贤江	杨明轩	吴志青	吴建寅	吴梦非	吴庶五
何世桢	何世桢	何连琴	何味辛	何明斋	何葆仁	余寄文	狄　侃	汪志青	汪精卫	汪馥泉	沈仲九	沈亦珍	沈志远
沈泽民	沈雁冰	张太雷	张心诚	张世瑜	张厉生	张石樵	张企留	张作人	张伯简	张君谋	张秋人	张致果	张奚若
张德俞	陆宗贽	陈东阜	陈抱一	陈贵三	陈晓江	陈铁庵	陈望道	陈蕴章	陈德徵	陈藻青	陈瀰一	邵力子	邵元冲
邵诗舟	林康元	味凤文	季忠琢	金祖惠	周天僇	周水平	周予同	周由廑	周建人	周颂西	周越然	郑兆林	郑振铎
郑超麟	赵兰坪	赵振甫	赵景深	胡汉民	胡朴安	胡哲谋	胡寄尘	侯绍纶	侯绍裘	俞平伯	俞铸成	施存统	洪　野
恽代英	姚伯谦	贺明斋	夏晋麟	顾均正	钱病鹤	徐文台	徐文名	徐竹虚	徐诚美	徐　蕚	徐蔚南	殷志恒	翁吉云
高觉敷	高冠吾	高语罕	郭任远	郭沫若	郭颂馀	唐鸣时	陶希圣	黄文容	黄正厂	黄鸣祥	黄葆戉	萧朴生	萧觉先
萧楚女	梅电龙	曹聚仁	章乃羹	彭述之	董亦湘	董承道	董翼荪	蒋光慈	蒋振远	韩觉民	程　起	傅东华	傅君亮
傅彦长	曾伯兴	谢六逸	虞鸿勋	蔡文星	蔡乐生	蔡和森	蔡慕晖	熊德山	滕　固	潘公展	潘念之	戴季陶	瞿秋白

金仲文（朝鲜）　卜脱儿四喀氏（俄国）　宝特格尔司基（俄国）　哥本可夫司基（俄国）

学 生

（2001人）

中国文学系（402人）

丁心普	丁国萃	丁炎	丁玲	丁显	丁逸飞	丁嘉树	丁镜娟	于子谦	于绍傑	马子恒	马文彦	马怀楷	马建民
马翼云	马懿	王士奇	王友直	王芝九	王芬桂	王启元	王环心	王郁青	王持政	王思源	王秋心	王剑虹	王耘庄
王振华	王得一	王鸿胪	王惠	王覃甫	王景裕	王道纯	王溢	王熙	王履元	韦杰三	毛云	方山	方卓尹
鲁眉	孔另境	孔庆仁	左天锡	石丹岑	石圣起	叶一舟	史维聪	白子鹤	白致荣	冯飞	冯次行	冯汝骥	冯荫庭
冯润章	冯调丞	冯超	皮绳武	匡亚明	吕南宫	朱义权	朱寿潜	朱松	朱奇	朱超然	朱韫辉	伍哲孚	全世堪
庄弘洙	庄泗川	庆深庵	刘丕燮	刘庆云	刘希吾	刘廼俊	刘佩规	刘思源	刘济川	刘峻山	刘容川	刘湘女	刘慎之
刘德宣	刘镛	江华	汤恒	汤静	许心影	许嗣诗	孙东城	孙孟坚	孙维垣	孙霖根	孙羲	苏义	杜爱斯
杜衡	李士志	李有训	李成林	李伯昌	李良侗	李武铮	李杰丞	李迪民	李育锐	李宝农	李绍彬	李树烈	李映西
李俊民	李晓芳	李逸民	李葆珍	李善推	李鹏图	杨世惠	杨亚傑	杨志英	杨恺	吴大用	吴少安	吴甲	吴佑生
吴怀民	吴卓斋	吴载祥	吴森	吴溥	吴静宣	吴磐	吴鹤龄	吴醒耶	何尚志	何治溯	何政强	何显文	余心
余维素	邹尔聪	辛成智	汪云飏	汪式玉	汪吉信	汪任远	汪炳乐	汪钺	汪容	汪超	汪锦忠	汪耀南	沈见弋
沈邦垣	沈寿亚	沈宗懋	沈慈之	宋尼宣	张一寒	张一魁	张化成	张世寿	张世希	张龙图	张立诚	张汉群	张伊人
张旭	张汝濂	张劲我	张玠	张金鳌	张庚由	张维超	张维祺	张释蒙	张湘皋	张福迭	张霖根	陆恒生	陈子英
陈文奇	陈文楷	陈世禄	陈东平	陈立华	陈自新	陈伯达	陈诒安	陈昆锜	陈国光	陈国任	陈明中	陈佩英	陈荫南
陈钧	陈勉之	陈冠辇	陈唯光	陈鸿谟	陈博九	陈斌	陈曾翼	陈鋈	陈福清	陈嘉书	陈德圻	陈毅行	武瀛洲
苗为东	范天达	林一鹏	林少吾	林知让	林秉权	林剑华	林葆楚	林新民	尚镛	明哲	罗天素	罗凤冈	罗齐楠
罗雪坡	罗辅臣	罗惠嘉	罗新亮	郏应乾	季步高	岳维梁	金作良	金启文	金溟若	金耀光	周文杰	周郁文	周学文
周垚图	周继稷	周濂	庞浩然	郑仲谟	郑兆琮	郑原东	孟超	孟宪榮	赵荣德	赵德涵	荆淇	荣益珍	胡中衡
胡光铨	胡旷	胡国隆	胡家瑾	柯秀文	柯秀东	柯树荣	柳道吾	钟应梅	段念石	俞伯岩	俞鼎传	俞嘉庸	施咏鳌
施蛰存	闻鹤皋	洪业	洪宝琏	洪振铄	祖伦才	祝正明	姚成之	贺仪秀	骆霖	袁耘雪	袁家挺	袁雪舫	贾春蕃
夏令	夏晓曦	夏馥棠	顾忍庵	钱志	钱鸣球	钱家麟	倪畅予	徐元义	徐石麟	徐应泰	徐直	徐呵梅	徐宝林

徐绍芹	徐 鲁	徐静之	奚传甫	翁国栋	凌昌符	高伯定	高怀诚	高良佐	高 岱	高承和	高政洽	高淑士	高 瞻
郭伯和	郭觉海	郭 镒	郭耀宗	席梅村	陶頵之	陶同杰	陶振民	黄万成	黄文中	黄让之	黄阶平	黄沣波	黄明盛
黄泗英	黄绍衡	黄昭芳	黄真村	黄 造	黄 葵	黄儒京	萧君韶	曹 云	曹声潮	曹奎恩	曹 骅	曹雪松	曹鸿恩
曹淑英	戚蕙麓	盛泽荣	常光祖	符育英	章友石	章正范	章庆善	章复心	阎聚荣	梁广振	梁龙光	彭镇寰	斯仲英
董之琳	董之懋	董每戡	蒋尔昌	蒋旭初	蒋抱一	蒋曼英	韩儒修	葵 英	覃祖福	覃肇宗	程世瑛	程克祥	程 起
程敏功	程维葵	傅冠雄	焦廉甫	焦镇汉	储克敏	鲁振华	童有良	温光熹	游 骞	谢 纯	谢绍竑	雷宗文	虞兆夔
虞赞汤	詹志芬	鲍超民	新安镇	蔡缄三	裴仲襄	廖世光	廖若平	阚克会	阚济民	谭玉書	樊文超	黎光撰	黎伯光
潘寿恒	潘荣新	潘济博	薛子正	戴邦定	戴伯琨	戴荣祺	戴望峯	戴望舒	懋择高				

社会学系（915人）

丁炜文	丁 郁	丁造中	卜道明	于 达	于 武	于 期	万子霖	马世淦	马龙衔	马会云	马汝良	马 昇	马晓澄
马凌山	马培义	马照勋	马滚舞	王一知	王乃屏	王士志	王云中	王艺钟	王友仁	王长熙	王文明	王忆子	王正谊
王世琨	王丙黄	王永堃	王廷献	王伟杰	王仲鲁	王向离	王会甲	王多慧	王进之	王 赤	王赤华	王步文	王秀清
王作正	王伯阳	王伯协	王怀德	王启勋	王弗伦	王杰三	王述镇	王国钧	王 怡	王学濂	王宗模	王持华	王畊荫
王贻炯	王信玉	王恒萃	王宪仁	王宪章	王祖洵	王耕荫	王振芳	王振猷	王逸常	王焕炳	王符生	王维骐	王粟一
王 弼	王新衡	王慎甫	王德根	王履冰	王 璞	王耀汉	尤永良	牛淑琴	牛葆慈	毛尹若	毛钟骅	毛堃一	毛溥天
毛锺祥	仇恒忠	方仲豪	方运炽	方 授	方超骧	方 新	方曙霞	尹志伊	尹何均	邓伯学	邓果白	邓定人	邓振民
邓逯达	邓 瑛	左淑亚	石 介	石第光	石 游	石翰宇	石镜时	龙卓灵	卢水玉	卢用行	卢成钫	卢君贤	卢棱英
卢震海	叶义海	叶文龙	叶学纯	叶绍鄹	叶鼎新	叶静涵	叶 霖	丘晓初	包焕赓	邝正统	冯士英	冯运刚	冯希廉
冯 持	冯振眉	冯朝骖	冯 骥	皮一净	皮以庄	吉国桢	吉维炳	成 泽	吕人龙	吕宝材	吕 品	吕 俊	吕瀚管
朱义本	朱立余	朱永鑫	朱志鹄	朱希文	朱怀德	朱灵生	朱松年	朱 郁	朱国中	朱建锵	朱 淳	朱惟祺	朱 渺
朱赫民	朱毓夔	朱鹤鸣	伍楫舟	任作浦	任明扬	向 上	名 坚	邬子丰	邬烈鋆	庄尧辰	庄庆厚	庄涓峰	庄燮和
刘一梦	刘一清	刘日华	刘文友	刘文敬	刘文蔚	刘汉清	刘永昌	刘芝亭	刘廷英	刘竹贤	刘宇光	刘李邦	刘披云
刘治清	刘怡亭	刘荣福	刘昱厚	刘剑冰	刘 亮	刘济生	刘根远	刘席儒	刘培兰	刘移山	刘鸿儒	刘超予	刘超英
刘景唐	刘尊一	刘道行	刘照庭	刘靖清	刘福麟	刘锡吾	刘稻薪	刘骥达	羊牧之	关中哲	江天一	江仕祥	江圣钧

百年上大 校友画传 （第一辑）

江钟琼	江培初	江辅能	池望秋	汤有光	安青华	安剑平	许乃昌	许达明	许冰如	许志道	许侠夫	许绍遽	许适诚
许继慎	孙乃谦	孙义澄	孙佐仁	孙仲宇	孙 炯	孙道济	孙羲澄	孙耀五	阳翰笙	扶大本	贡锡甲	严子静	严信民
苏钱肩	杜宝蘅	杜勤职	杜新吾	杜 毅	巫钲一	李天受	李元杰	李仁甫	李介国	李 正	李平心	李立敬	李汉光
李圣悦	李任苍	李庆承	李孝纯	李花天	李希龙	李 忻	李启泰	李拔芳	李郁德	李 咏	李和涛	李秉乾	李佳白
李佩璜	李育云	李宝相	李宗唐	李宜真	李绍雄	李春鏵	李荫丞	李显悦	李思安	李洁民	李济时	李继渊	李硕勋
李 铭	李得钊	李清漪	李超麟	李敬泰	李 勤	李锡尔	李新荣	李煜灵	李 蕴	李德馨	李翰邦	李 膺	杨之华
杨月泉	杨 达	杨先泽	杨向昆	杨向荣	杨时杰	杨启祓	杨尚昆	杨国辅	杨金发	杨宗衍	杨建成	杨绍裘	杨星祥
杨思盛	杨觉天	杨振铎	杨梦雁	杨 爽	杨琴熙	杨溥泉	杨 赪	来逸民	吴 广	吴子波	吴开先	吴 云	吴长卿
吴石英	吴 权	吴兆基	吴壮游	吴志清	吴希璘	吴启智	吴泽昭	吴绍澍	吴钟莹	吴振鹏	吴益南	吴祥宝	吴 铮
吴 敞	吴善庆	吴强葆	吴 瑜	吴福鸾	吴 霆	吴锺莹	吴稽天	吴 鋕	何成湘	何尚时	何秉彝	何挺颖	何 洛
余开元	余仁峰	余世堪	余若萍	余泽鸿	余 拯	余铭玉	余慎修	邹 均	冷冰谷	羌 豪	汪永铭	沙文求	沙家祥
沈丰梅	沈方中	沈劝君	沈半梅	沈 伟	沈凯成	沈祥瑞	沈清楚	沈椒基	沈蔼春	宋树潘	宋品章	宋景修	宋锡安
宋 廉	张千里	张义深	张文裴	张以民	张书杜	张书德	张世超	张平伯	张半农	张师古	张先梅	张传薪	张仲实
张兆芳	张兆昶	张旭高	张庆寿	张安人	张来勋	张步霞	张秀生	张沧粟	张启洲	张其深	张其雄	张国华	张 放
张治中	张承道	张绍善	张适存	张祖浚	张 耘	张 桢	张晓柳	张效翼	张继炎	张 硕	张崇文	张鸿宾	张琴秋
张景陶	张傅薪	张湛明	张温如	张瑞垣	张锦堂	张璞真	张曙云	孟芳洲	陆书龙	陆孟扬	陆亭午	陆绣山	陆梦衣
陆舒农	陆锦元	陈士根	陈少微	陈孔鸿	陈只沫	陈廷仪	陈伟璇	陈连民	陈启育	陈纬天	陈英发	陈 林	陈 杰
陈 明	陈垂斌	陈秉宏	陈 侃	陈泮君	陈学平	陈学培	陈宝麟	陈宗英	陈空沫	陈建中	陈承淇	陈荫农	陈贵三
陈 钧	陈秋正	陈秋帆	陈独真	陈冠英	陈祖平	陈祖经	陈屏山	陈海川	陈培仁	陈清人	陈舜石	陈曾贯	陈裕德
陈勤劭	陈静谦	陈熙干	陈 模	陈 漪	陈德昭	陈耀焜	武 俊	范天平	范雪筠	林元肇	林木顺	林火鸣	林弘毅
林邦定	林纪云	林希謇	林建略	林树江	林树香	林 钧	林秋海	林 桂	林雪岩	林琼玉	林登岳	林蒲洲	郁功豫
易国杞	呼汉忠	罗文淹	罗化千	罗世文	罗石冰	罗东云	罗尔纲	罗 伟	罗行检	罗运桂	罗作民	罗希绣	罗茂先
罗雨刚	罗 牧	罗 空	罗春晖	罗恒史	罗望来	罗群彦	罗鬈渔	罗 醒	岳维梁	侃 古	金 戈	金仲育	金仲椿
金家骥	金 铸	周三民	周士冕	周大根	周文在	周功杰	周龙夔	周永星	周传业	周 全	周寿泰	周 泽	周学渊
周思齐	周品娟	周浑兴	周梦素	周笙竺	周 遵	庞云飞	庞铁铮	郑士琦	郑则龙	郑仲武	郑兆璜	郑庆麟	郑杰民
郑育民	郑景盎	郑普秋	郑 荣	郑瑞星	郑毓芳	郑 璞	居亦伦	孟庆璋	孟芳洲	孟昭谦	项一禔	项学儒	项 济
项富春	赵天民	赵元恺	赵发仲	赵旭和	赵体贤	赵冶人	赵宋庆	赵君陶	赵奈仙	赵岱青	赵经权	赵荣鼎	赵祖琴

附 师 生 名 录

赵铭彝	赵清泉	荀克家	荣 柏	胡子明	胡天在	胡允恭	胡钟吾	胡启沧	胡孟超	胡 畏	胡 铎	胡葆祥	胡鹏举
柯柏年	柏汉云	柳长青	钟伯庸	钟复光	钟梦侠	段泽杭	洪朝宗	洪世华	洪野鹤	俞季虞	俞 岳	俞海清	施了凡
施文杞	施 讷	施建中	施 锐	姜余麟	祝树藩	费石师	姚天羽	姚止戈	姚毓华	贺威圣	秦代宁	秦邦宪	秦寿萱
秦坤诚	秦枬懋	秦望山	秦梗懋	袁光辉	袁振亚	袁翊华	耿嘉弢	贾 予	贾迪之	贾愚生	夏一鸣	夏训农	夏光瑾
夏 赤	顾韧之	顾作霖	顾相勋	党维蓉	钱有光	钱宗湘	徐世义	徐世民	徐石麟	徐仲航	徐壮昌	徐尚觉	徐省吾
徐峥高	徐遂青	徐梦秋	徐梓翘	徐晴岚	徐 湘	徐温如	徐禄申	徐 楒	徐鹏鷟	徐德据	殷尚宪	奚维祖	奚静源
翁槐燊	凌昌策	高尔柏	高圮书	高叔颖	高国林	高孟松	高 垣	高逸峰	高瑞岚	高澄秋	郭点蛟	郭培麟	郭 毅
郭儒灏	唐士煊	唐子濂	唐文灏	唐 任	唐纯茵	唐绍曾	唐颂安	唐晴初	陶光朝	陶 淮	陶 梁	陶新畲	黄之彦
黄 仁	黄公藩	黄 文	黄丘民	黄永泰	黄光义	黄旭初	黄词楷	黄玠然	黄劼刚	黄欧东	黄尚铮	黄承镜	黄绍耿
黄绍宸	黄信道	黄烈文	黄培垣	黄鸿模	黄惕人	黄 辉	黄普明	黄锡瑜	黄鹤琴	黄 耀	萧绍鄂	萧厚恩	梅东阳
曹天风	曹国瑞	曹国滨	曹 渊	曹锡铭	曹蕴真	曹麟燏	戚爵臣	龚仁杰	龚圣治	龚仰之	龚翊青	盛礼简	盛联态
盛澄荣	崔士英	崔小立	崔世英	崔兆枚	崔桓济	崔 铉	崔善尊	符步瀛	符福星	符德民	康 生	章汝霖	章伯英
章松如	章香墀	章毓寄	阎瑞麟	阎毓珍	左 川	梁子杰	梁丕功	梁发生	梁任之	梁伯隆	梁希陶	梁宗鲁	梁 洪
梁铭钟	梁湄亨	梁超群	梁瑞生	梁醒黄	梁耀南	续联捷	彭龙伯	彭 仲	彭仲平	彭进修	彭瑞初	彭蜀华	葛素行
葛 覃	董汉儒	董 承	董涌淮	蒋一生	蒋坚忍	蒋 昆	蒋径诩	蒋铁光	韩一民	韩步先	韩遂元	韩 鲁	韩 寒
韩福民	韩翰光	惠毓瑞	程希源	程铁村	程家模	程源希	傅 义	傅以和	傅玉山	傅伟武	傅诚亨	傅特夫	傅超雄
傅筱说	焦启铠	焦保权	焦养廉	畲少连	童玉堂	童 希	童国希	童显志	童德新	曾延生	曾 鲁	游 鸾	谢玉树
谢芸皋	谢秉琼	谢怡云	谢绍祺	谢桂成	谢 浚	谢 硕	谢雪红	谢强生	谢嗣浩	谢德琬	蒯 炜	蒲克敏	蔡孝乾
蒙 华	赖光华	赖国民	赖国权	赖国航	雷志洁	雷绍全	雷晓晖	虞贤惠	虞锦荣	简捷三	詹一斋	詹至圣	詹竹熙
詹修富	詹智胜	解匡时	窦昌熙	窦勋伯	窦琴白	蔡天亲	蔡仁堂	蔡文烈	蔡汉濂	蔡孝干	蔡作楷	蔡松岩	蔡季斌
蔡树邦	蔡觉民	蔡 泰	蔡润堃	蔡崇光	蔡铭钊	锺贴鸿	锺复光	锺 铿	锺赞元	廖乃桓	廖上璠	廖左明	廖竹君
谭其骧	谭宝仁	谭涤宇	熊世齐	熊国华	蕲思弼	樊重远	樊培伦	黎本益	黎光燫	黎兢民	滕 杰	滕 斋	潘广械
潘天觉	潘少康	潘文俊	潘作民	潘 怀	潘 珏	薛卓汉	薛卓江	薛尚实	戴玉发	戴 雄	戴德珍	魏耿之	糜文浩
糜 节	瞿 云	瞿 江	瞿昀白	瞿景白									

英国文学系（233人）

丁钟杰	于翔青	马志磨	马淑明	马缉熙	马鉴明	王才举	王天任	王友伦	王致久	王基永	王竟成	王淑淘	王惠质
王傅濂	王敦书	王道南	王震南	王懋昭	韦葆和	牛万青	仇良选	仇培之	方运超	方念谐	孔庆波	邓 越	邓智慧
邓 瑜	艾纪武	左 洵	叶为眈	叶雄民	史思放	史悠直	印 集	冯志方	毕仰袁	吕人虎	吕人豹	吕绍瑁	朱资全
任中和	庄 洁	刘凤舞	刘后才	刘宏义	刘卓平	刘鸣銮	刘 奕	刘象山	刘善昌	汤鉴澄	汤镜明	许成赞	许 恒
孙承让	孙祖绳	纪 威	李乃培	李圣恩	李亚桢	李光腾	李 芳	李养人	李崧峻	李善舟	李锡祚	李福棠	李熙网
李鹤鸣	李 镜	杨士颖	杨习保	杨学濂	杨维新	杨冀成	吴 芬	吴厚永	吴养浩	吴祥曼	吴 震	邱 南	邱清泉
何葛崧	佟宝璋	佘埃生	余益文	应令言	汪泳坚	汪 涛	汪震华	沈超英	沈朝宗	宋世淦	宋纯才	宋桂煌	宋朝襄
张一萍	张天鹏	张云清	张文辉	张仲炘	张全严	张庆孚	张安静	张际镛	张国鼎	张佩亭	张恩潜	张继华	张崇德
张鸿林	张鸿霖	张善继	陆廷栋	陆 奇	陆叔干	陆泰生	陆容庵	陈元丰	陈云汉	陈幻宏	陈当冀	陈时文	陈和禄
陈珍汉	陈炳炎	陈祖武	陈培璘	陈 蛮	陈锡恩	陈毅夫	陈擎鼎	邵善謇	武止戈	范守渊	林克勋	林应时	林振镛
林淡秋	林寄华	林 鲁	林道兴	林嵩龄	林福民	欧阳信	罗昌陶	岳桂荣	金洪涛	金基镇	周人瑞	周向明	周侍贞
周恒丰	周继晖	庞永祥	郑升如	郑松生	郑 杰	郑益之	郑逸欣	郑傅益	单建周	赵伟霖	赵 璧	胡利锋	段稚松
侯佩莹	俞光彩	俞祥霖	俞 埔	施志超	施锡祺	姜还麟	姜英晔	秦秉悟	袁恕之	袁铿屏	钱世龙	徐应召	徐 亮
徐梦周	徐 寅	徐棨傅	奚孟起	高光寅	郭廷显	郭庭显	郭谓之	郭鼎岑	郭焦影	席凤阁	唐秉理	涂光隽	黄柏荪
黄闻定	黄竟成	黄善性	萧月华	曹 斌	曹锡络	曹 震	龚际飞	阎泰元	阎鸿钧	阎慈佛	梁景炜	葛克信	董开祥
董 杭	董 侃	蒋同节	蒋如琮	蒋启藩	蒋振河	蒋浩川	蒋畸士	韩长龙	程 序	舒廷柱	畲尧天	畲绍获	畲 惠
虞振缟	解士兢	蔡鸿烈	锺赉英	薛成章	戴如云	戴毓本	魏幼宗	濮德治					

美术科（94人）

王国九	王显诏	王星奎	王德庆	亓阜康	方 昭	方晓舲	石 补	龙家骏	田 申	史 岩	师集贤	朱凤文	朱其五
刘 栋	刘剑秋	刘祖伟	刘培根	许 可	许清涟	孙为雨	孙君谋	李士英	李乐亭	李安仁	李适中	李 勉	李莲芬

附　师生名录

杨秀涛	杨沄	杨瀛	何纯青	何增财	汪庭礼	张大庚	张开元	张守绪	张学诗	张弦	张晔	张惠如	陈文华
陈钧	陈家楫	陈寔	陈震	陈璞如	范玉骏	林光斗	林信昌	卓尔黄	周卜熊	周启泰	周济	周湘俊	郑文璜
郑荣陶	胡宏让	胡金培	胡植哉	胡策	胡睦修	姚文雄	徐石麟	殷干之	殷嗣仁	郭昭	唐铠	涂竺筠	黄楚藩
黄懋闳	彭其年	董翰	程永言	储广泽	谢玉哲	谢纯青	雷在洽	雷仲山	詹春三	窦天淑	褚寿龄	褚鲁朋	蔡吉光
蔡谦	廖寿干	廖湘波	潘升云	潘达青	潘界云	穆光国	戴尔兰	戴经正	戴炳宣				

经济学系（4人）

刘昭藜　刘昭藜　李炳祥　武思茂

政治学系（1人）

尹敦哲

商业学系（1人）

危鼎铭

英属高等补习科（18人）

王立权	王兰	王灿芝	刘立芹	芮世萃	李应源	李鸿澍	杨志云	张纶	罗伟夫	罗培世	段维华	俞义部	姜若朘
敖裕兴	符云瑞	符气正	谭肇明										

俄文班（4人）

刘验祖　李硕亚　陈比难　盛克祥

中学部初级中学（63人）

马廷忠	马岳斌	马湘蘅	王廷珍	王绍仁	韦本良	邓学文	厉庆升	石钟庆	田恩池	吕明玉	朱宪英	江锦维	严道纯
李葆光	李锦蓉	杨永昌	吴广胜	吴　东	吴雄基	沈金根	沈　度	张芝培	张清生	张徵福	陆福如	陈光玉	陈颂福
陈培钧	林根源	金商龙	周云巢	周慎梓	周　藻	郑忠轼	赵振麟	钟宪德	皇甫毓美		姚之元	姚炎普	贺绍贤
桂倩盈	桂曼殊	夏文藻	顾经训	顾　森	钱家骅	高万仞	高式棂	萧和森	曹文楠	盛幼宣	盛澄世	符家樗	董梦花
蒋守基	覃怀庆	覃泽汉	覃　斌	傅　文	阚思纯	薛景炘	穆春生						

中学部高级中学（120人）

万士锐　马德超　王　文　王庆潼　王寿颐　王金相　王慧知　王稼祥　毛一波　邓惠文　石孝先　石德晏　卢　鹏　叶光莹
白龙准　冯劭清　冯　皎　吕全贞　朱元泉　朱汉臣　朱孝祖　朱秉和　朱念祖　朱宝栋　朱亮祖　朱洪烈　向子春　邬谟沪
庄尧章　刘从文　刘文钻　刘文衡　刘仲言　刘　华　刘作煊　刘家聚　刘祥启　江昌庆　阮泰标　孙景盘　严一萍　李本钦
李铭新　李腾霄　杨　恭　杨硕彝　杨淑英　束　文　吴才猷　吴耀麟　何子培　余禹文　谷宾如　邹　平　汪华民　汪惟勖
沈光亚　沈怀恩　沈济万　宋荫铭　宋俊豪　张大勋　张友民　张君奇　张继镛　张　逸　张铸康　张　藩　陆望之　陈仲嘉
陈学海　陈淑德　陈　翘　陈虞书　陈殿元　邵光日　林润民　罗玉书　罗列中　罗绍纲　金碧芹　周传鼎　庞　琛　胡炳生
胡莲奎　胡　熹　柯　枂　俞昌准　俞　穆　施咏乐　施琦祥　闻曼平　洪　荣　姚民非　秦治安　夏吉人　顾根兴　柴兴夹
倪少林　徐启亮　徐继庭　徐渭江　徐翠琴　高万章　唐棣华　黄苏纬　黄德凤　萧华鎏　曹利生　龚学均　康屏周　湛绪和
董开祥　蒋以中　蒋鸿飞　程　信　畲慕淑　曾洁淡　游锦顺　潘钦信

附　师生名录

系别不详（146人）

丁　路	于芝秀	于树德	干翔青	马　瑛	王心恒	王亚璋	王同荣	王仲芳	王华芬	王宇春	王绍虞	王　钺	王超北
王　筠	毛庆善	厉国桢	龙大道	叶为耽	叶黄叶	史赞尧	冯文彦	冯逢光	冯淑明	皮言智	边春甫	朱三进	朱国栋
朱耀宗	全世凯	刘希语	刘晓浦	刘愚真	关向应	江景维	孙乃铨	孙玉如	孙宗恒	杜恩承	杜嗣尧	李士群	李　云
李宇超	李润生	李朝梁	李　灏	杨世恩	杨若海	杨洛如	杨　超	来燕堂	吴庶吾	吴维中	吴　谦	邱　楠	何冶栋
何沁石	何挺杰	汪佑春	沈仲宇	张士韵	张天明	张由嘉	张应春	张树德	张梦旦	张梧村	张景曾	张　豪	张　震
陈式纯	陈兴霖	陈怀璞	陈秦谦	陈铁厂	陈培麟	范文道	林天汉	尚辛友	岳世昌	金兆桂	周庆昌	周　璆	郑景益
孟励吾	赵希仁	赵希松	赵祚传	胡警红	俞德埙	饶漱石	施　瑞	娄之明	姚韵漪	贺　昌	贾南坡	莫于波	夏小溪
夏育斋	顾　修	党伯弧	徐坚如	徐　炜	徐　湘	徐鹏高	徐德义	翁泽生	郭寿华	郭竣森	郭肇唐	陶　准	康友铨
黄天伯	黄沣波	黄昌炜	阎灵初	黄　胤	黄淑声	葛　琴	萧琴笙	萧　韶	曹轶欧	龚希直	盛联龙	阎永增	梁披云
梁郁华	彭习梅	彭震寰	董开祥	嵇　直	蒋士祥	蒋　昆	韩光汉	韩阳初	程锡简	焦有功	曾心斋	谢嗣㜏	詹正圣
窦勤伯	蔡　威	蔡鸿猷	廖苏华	黎光伯	潘枫淦								

说明：截至目前，搜集到有确切姓名的上海大学师生共2201人，已在正文列传的324人，在本名录中以灰色字体标示。

图书在版编目（CIP）数据

百年上大校友画传.第一辑/成旦红，刘昌胜主编.—上海：上海大学出版社，2022.2
ISBN 978-7-5671-4445-3

Ⅰ.①百… Ⅱ.①成… ②刘… Ⅲ.①上海大学—校友—生平事迹—画册 Ⅳ.① K820.7-64

中国版本图书馆 CIP 数据核字（2022）第 003090 号

责任编辑　傅玉芳　刘　强　柯国富　庄际虹
　　　　　　石伟丽　杜　青　陈　叶　盛国啬
技术编辑　金　鑫　钱宇坤
装帧设计　柯国富

百年上大校友画传（第一辑）

成旦红　刘昌胜　主编

出版发行	上海大学出版社
社　　址	上海市上大路99号
邮政编码	200444
网　　址	www.shupress.cn
发行热线	021-66135112
出 版 人	戴骏豪
印　　刷	上海颛辉印刷厂有限公司
经　　销	各地新华书店
开　　本	889mm×1194mm 1/12
印　　张	26
字　　数	520千字
版　　次	2022年2月第1版
印　　次	2022年2月第1次
书　　号	ISBN 978-7-5671-4445-3/K·253
定　　价	320.00元